U0086371

滄海叢刊 語文類

新聞與教育生涯

——謝然之教授九秩華誕祝壽文集

謝然之教授九秩華誕祝壽文集編輯委員會 編

東大圖書公司

國家圖書館出版品預行編目資料

新聞與教育生涯：謝然之教授九秩華誕祝壽文集 / 謝然之教授九秩華誕祝壽文集編輯委員會編. --初版. --臺北市：東大, 民89
面； 公分. -（滄海叢刊. 語文類）

ISBN 957-19-2451-2 （精裝）
ISBN 957-19-2536-5 （平裝）

1. 謝然之 - 傳記

782.886　　　　89009705

網際網路位址 http://www.sanmin.com.tw

© 新聞與教育生涯
——謝然之教授九秩華誕祝壽文集

編　者 姚　朋 李　瞻　荊溪人　石永貴　鄭貞銘
發行人 劉仲文
著作財產權人 東大圖書股份有限公司
臺北市復興北路三八六號
發行所 東大圖書股份有限公司
地址／臺北市復興北路三八六號
電話／二五〇〇六六〇〇
郵撥／〇一〇七一七五——〇號
印刷所 東大圖書股份有限公司
總經銷 三民書局股份有限公司
門市部 復北店／臺北市復興北路三八六號
重南店／臺北市重慶南路一段六十一號
初版一刷 中華民國八十九年八月
編　號 E 78099
基本定價 肆元肆角
行政院新聞局登記證局版臺業字第〇一九七號

ISBN 957-19-2536-5 （平裝）

謝然之先生與高萍女士自重慶赴鄂西，於民國三十年國父誕辰紀念日在恩施結婚，恭請陳長官辭公證婚，完成簡單婚禮。

民國三十六年（1947）夏獲美國明尼蘇達大學新聞學碩士留影。

在臺北賓館酒會與陳故副總統合影。

民國四十年春偕蔣主任經國先生遊臺北郊區。

中國國民黨九全大會獲選中央委員後留影。

謝然之先生與林大椿（右）合影於徐摶九烈士銅像前。

民國五十七年八月中華文化復興委員會大會中與主席孫科院長合影。

民國五十八年奉命出任薩爾瓦多大使向蔣總統辭行合影。

1991年8月4日留美政大新聞系同學於洛杉磯慶賀謝然之先生八十華誕時攝。

1991年11月12日為謝然之先生伉儷金婚紀念日，特製金盤合影以誌半世紀心心相印。

1996年夏謝然之先生全家遊檀香山合影，後立者右起長子謝舜虎、長女謝舜雯、幼子謝舜哲。

1997年11月門生故舊與謝然之先生於洛杉磯餐敘後合影。前排中為謝然之先生伉儷，後排左起：王之南、齊振一、姚朋（彭歌）、戴豪興、湛先樹。

1998年暑假天，謝然之伉儷（中）與洛杉磯文大新聞系學生歡聚。前排（右二）為鄭貞銘教授。

學者、報人、大使　謝然之的風範

壹

一九五〇年代，謝然之教授是臺灣炙手可熱的名教授與名報人。他在大陸逆轉期間，受當時臺灣省政府主席（以後擔任副總統）的陳誠先生提攜，到臺灣接辦《新生報》，以後並創辦高雄《台灣新聞報》。

當時，也鑒於培養新聞專業人才的重要，他創立了政工幹校新聞系，並擔任復校後政大新聞系首任系主任，以後又創立中國文化學院（今改大學）新聞系，並參與師範大學新聞組與世界新聞學校的創立。

以後奉派出使薩爾瓦多，又成為一位傑出的外交官。卸任後應邀美國南伊大與德州大學講學，退休後旅居於美國加州。

這位被譽為報人、學者、大使的報壇先進，早期在臺灣從事報業與新聞傳播的拓荒工作，不僅貢獻卓著，也留下深遠的影響。

貳

謝教授然之，號炳文，於民國二年（一九一三年）出生於浙江餘姚，王陽明先生的故鄉。北伐時期至上海，先後進入聖約翰大學附中與南方中學求學。高中畢業後，先在光華大學肄業，再入東吳大學；卒業後，又到日本東京中央大學研讀新聞學，直至國內掀起抗日禦侮運動，才毅然棄學，返國參加神聖的抗日戰爭。

當謝氏在高中求學的時候，就開始對新聞工作發生濃厚興趣，並從事譯作。在大學時代他對世界文學名著的翻譯，作了不少的努力，其中有英國格爾斯華綏的《銀匣》，德國霍甫特曼的《沈鐘》，俄國高爾基的《深淵》與房龍的《聖經的故事》等（上海世界書局出版），至於正式參加新聞的實際工作，乃是從日本歸來後，開始為國內各報章寫社評。在抗戰初期，擔任軍委會政治部設計委員兼理《掃蕩報》筆政，接著就任三民主義青年團中央宣傳處副處長，並主編《中國青年》

月刊。

抗日正酣，故副總統陳辭修將軍主持湖北省政，非常欣賞這位年輕的新聞人才，於是就邀請他擔任《新湖北日報》社長，這是謝然之生平第一次主持一張報紙。

然而，烽火連天，戰事緊急，並無辦報的設備，但「憑著人定勝天，我們只要憑雙手和智慧去辦報，一定可以成功」的信念，謝然之就在極端困難的物質條件下，在湖北戰時省會鄂西恩施的貧困邊區，領導起這份無論是內容或形式，都可與重慶報紙並駕齊驅的《新湖北日報》，當時對於民心士氣的鼓舞，與抗日精神的宏揚，確是竭盡了一個報人的貢獻。

當抗戰接近勝利的最後階段，陳誠將軍奉調離鄂，就任遠征軍總司令赴印緬戰區討伐倭寇之時，謝然之回到重慶中央團部，參加青年團中央幹校籌備工作，在教育長蔣經國就職時，出任主任祕書，規劃青年幹部訓練作業。第一期結束成績優異，頗獲蔣總裁嘉許，並奉准出國深造。他首先進入美國密蘇里新聞學院完成新聞學學士，接著在明尼蘇達大學攻讀大眾傳播與新聞教育，獲得新聞學碩士學位，奠定了以後從事國內新聞教育的基礎。直到抗戰勝利以後，謝然之回國擔任中宣部新聞處長，兼任政大新聞系教授，乃開始了畢生奉獻新聞教育的里程。

民國三十八年，大陸情勢逆轉，中央政府遷來臺灣，數以百萬計之忠貞軍民，亦隨同政府渡海來臺，人文薈萃，政治、經濟、社會、文化各方面之活動亦頓形活躍。那時的臺灣省政府主席便是已故的陳副總統，他很重視報紙。他認為，一張報紙的優劣與其領導人關係密切，所以就再度邀請謝然之先生來主持這份當時臺灣的第一大報。

翌年三月一日，總統蔣公應海內外軍民之要求，復行視事，勵精圖治，使自由中國之國際地位突飛猛進，政府也在此時，整軍經武，並毅然實施三七五減租、耕者有其田等政策；《新生報》處於此一時代洪流中，肩負起精神堡壘的使命，其任務之艱鉅可想而知。

然而，謝然之不顧艱難，終於把這一重擔承當。他深知以原來地方性報紙之姿態，不足以應當時時局的需要。為了迎接此一新時代的來臨，他充實報紙的內容，加強讀者服務、延長截稿時間，革新編排方式，同時更增設照相沖洗及製版之器材設備，嚴格訓練技術人員；當時《新生報》所增闢之「每日專欄」，執筆者多為各方推崇的學者專家，不僅內容充實，而且編排新穎，這一項新聞界之創舉，迄今仍為讀者所追憶，認為是當時《新生報》的一大特色。

除致力於《新生報》之全面革新外，謝氏並以餘力創辦南部版於高雄。由於當時臺灣報紙大都集中於臺北，而南部讀者，每有不便之感。謝氏能奪人先聲，於三十八年六月二十日正式成立《新生報》高雄分社，發行南部版。後改名為《台灣新聞報》，與《新生報》同屬新生報業股份有限公司，由謝然之任董事長。

優良的物質設備固然是報業發展之要素，但才幹卓越之領導人，更是一張報紙成功的要素。

《新生報》在謝然之領導期間，由原先窳陋社址，改建為四層的新聞大樓，矗立於中山堂廣場上，而印報機器的更新，報紙篇幅的增加，均為世人所共睹；然而更重要的是《新生報》的內容，永遠是積極而公正，它鄙棄輕薄浮靡的文字，盡掃頹廢無聊的氣氛；在讀者心目中所建立的權威，不是物質所能比擬的。

說起《新生報》的歷史，可說與臺灣光復同時創刊，為臺灣光復後首家報紙。其成長史更可溯及日據時代之六家報紙，可謂公民營報中，根植於臺灣歷史最久遠者。嚴前總統家淦於《新生報》四十週年之慶祝會上所言：「如果沒有《台灣新生報》，過去臺灣的成就可能不會如此輝煌。」可見《台灣新生報》之成長與發展，實與臺灣之發展休戚相關。

光復前一年，臺灣共有六家報紙：即臺北的《台灣日日新報》、《興南日報》、臺中的《台灣新聞》、臺南的《台灣日報》、高雄的《高雄新報》以及花蓮的《東台灣新報》。後因日本瀕臨崩潰，經濟困難，三十三年三月臺灣總督安藤利吉下令將此六家報紙合併，加強新聞壟斷，並改名為《台灣新報》，於四月一日發刊。合併後的《台灣新報》規模很大，但其品質已成強弩之末，如每日出報已經縮成八開一小張，一切器材早已破爛不堪，衡陽路的舊址，經盟軍幾次大轟炸，也是搖搖欲墜。

一九四五年（民國三十四）八月十五日，抗戰勝利。日本帝國主義的侵略者，終於在全世界正義壓力下屈膝投降，當時《台灣新生報》即先由臺籍職員接管，日人再也無法插手。日人自一八九六年創辦報紙至此盡行絕跡，總計他們在臺灣報業史上橫行無忌，足足有半世紀之久。

光復後，這份獨一無二的報紙為我國政府接管，改名為《台灣新生報》，隸屬臺灣省行政長官公署宣傳委員會，先派李萬居先生向前《台灣新報》社日人社長板口主稅及業務局長安詮院貞熊接收前株式會社《台灣新報》社財產，改名為《台灣新生報》社，並派李先生為社長，初出對開一大張。

至於《新生報》的報頭名稱另有一段小典故。民國三十四年抗戰勝利，前副總統謝東閔被選為出席國民黨第六次全國代表大會之唯一臺籍代表，是年五月在重慶期間，時值政府忙於光復臺灣之準備工作，特設有臺灣黨務訓練班，臺省李萬居、連震東等先進當時都在這個訓練班接受講習，因此經常聚會，暢談臺灣光復後重回臺灣致力建設之抱負。李萬居先生對於文化事業興趣最濃。他表示，日本政府為控制臺灣輿論，把臺灣所有報紙合併成《台灣新報》。既經接收《台灣新報》，應該把它用來啟迪民智，發揚中國文化，當時即請教謝東閔，謝東閔稍事思索後說：「就叫『新生報』好了，一來表示臺灣淪為殖民地，從此得以光復重回祖國懷抱，再者臺省同胞數十年的枷鎖，也從此掙脫而獲重生。」一經大家贊成，於是一起去請黨國元老于右任先生親書，並由李萬居攜帶來臺，將接收日據時代的《台灣新報》，更名為《台灣新生報》，三十四年十月二十五日對開一大張的《台灣新生報》就此問世。《台灣新生報》的誕生意味著祖國文化之植根臺灣及日本帝國主義殖民文化之結束。「周雖舊邦，其命維新」。

三十八年，《新生報》由總經理制改為社長制，經董事會聘請董事謝然之先生兼任社長。謝先生臨危受命擔當大任，並在危樓中奠基業，全力扭轉乾坤。同年六月創立高雄分社，發行《新生報》南部版，對南部地區廣大讀者提供適時、適地的服務。三十八年政府遷臺後，《新生報》躍升為全國性質，廣伸傳播觸角，將社論委員會改為主筆室，延聘國內政論專家經常主持社論之撰述，並使言論配合新聞；四十年加闢每日專欄，為新聞界之創舉，光復後至四十年代初期，《台灣新生報》銷路一直佔全國第一，當時《新生報》編採部門幾乎網羅了前上海《申報》大部分人才，新聞界人士談起《新生報》陣容，嘗謂「良將如雲，謀臣如雨」。三十九年公營報紙銷數佔總銷數的百分之九十，民營報紙約佔百分之十。三十九年十二月，因為政府規定節約用紙，篇幅減為一大張半，乃忍痛減縮廣告，停止所有副刊及畫刊，並改編版行式，減張，使《新生報》承受最大打擊，原有的廣告客戶乃大量流失，轉往其他傳媒，使公民營報紙的業務出現了消長的形勢。

謝然之先生在六十二年《新生報》發刊一萬號時談到接掌《新生報》的心路歷程。他說，民國三十八年，他原定去香港負責改組《國民日報》（《香港時報》的前身），但在奉命接任臺灣省主席陳誠堅持下，隨同來到臺北，臨危受命，在一座遭盟軍轟炸的危樓中接辦《新生報》。

他說，由於當時通貨膨脹劇烈，加上員工薪資微薄，最缺乏的是印刷器材，尤其每天不可或缺的食糧——印報的紙張，庫存只有數天的用量，更叫人捏把冷汗，憂心忡忡的謝社長，常獨自沈思到黎明而不能入眠。當時構想的重點是如何使《新生報》在大局危疑之際，負起全國性的輿論任務，如何改進內容，網羅作家，開闢每日專欄，如何整頓經理部門，建立新制度，成為一現代化報業，並進而與國際新聞事業發生聯繫。而最迫切的是引進青年優秀幹部，積極推動與創設新聞教育機構，培養新聞人才，不僅為《新生報》所需，也為以後各報社電臺供應專業人員，這說明了謝然之辦報之餘，以從事新聞教育工作為最大的志願。

謝然之進入《新生報》，未及二週，陳誠命於一個月之內，在高雄創立一家新的日報。因當時高雄還沒有報刊，臺北的《新生報》要第二天才能看到。他認為這件事很迫切，必須在一個月內出版，此緊急任務使謝氏及其報社同仁手足無措，所幸在齊心一致下，在斷垣廢墟下努力趕工，雖然來不及正式登記，但《新生報》南部版終於在六月二十日創刊，這也是《台灣新聞報》的前身。謝氏於民國五十年卸任社長，歷時十二年的任務，正可謂為《新生報》繼往開來奠定功不可沒的堅實基礎。

六十二年四月二十二日，《新生報》發刊第一萬號，歷時二十七年五月又二十八天的《新生報》不僅已長大茁壯，且堅守過去公正的新聞理念，不因競爭而有所動搖，同時於次年推動五年建設計畫之訂定，包括更新印報設備，改進編採內容，興建新生報業廣場大廈等。編印大樓於六十五年五月完成，並遷入使用，計地下一層，地上四層。

隨著臺灣社會的民主化，《新生報》雖發展順利，但謝然之早看到《新生報》的未來危機，他曾向時任中央四組主任的陶希聖先生建議，坦陳官報的弊病，要求將《新生報》改為民營，並具體建議將民股當時的百分之十二增為百分之五十，由陳啟川先生負責籌資，其餘百分之五十則由報社員工福利社組成財團法人，向銀行貸款，共同向省府承購、正式改制。並蒙總裁蔣中正批示照准，但由於當時臺灣省政府主席周至柔有意見，乃予積壓，最後竟然石沈大海。

謝然之先生最近在一篇文章中回憶往事，不勝感慨。他說：「現在《新生報》真到了存亡絕續之關頭，凡與《新生報》有歷史淵源的友人都祈求上天佑護，轉危為安，重返光明。」

參

《新生報》在謝然之先生領導時期，確是生龍活虎，表現卓越，諸如積極革新內容，改建新聞大樓，倡導廣告事業，興辦民意調查，更新印刷機器，試行編採合一制度。每一件創舉，都有劃時代的意義，也對以後國內新聞傳播的發展，產生重大的影響。

茲就其中較為重要的事項，略加敘述如下：

一、首創媒體廣告學。在謝然之的倡導下，首先促進媒體廣告品質的提昇，《新生報》並是第一個召開國際廣告研討會的媒體，提昇國內新聞廣告學術與實際業務的水準，也進一步使國內廣告發展在國際上增加知名度與能見度。

二、首先開辦民意調查部。受美國密蘇里新聞教育的謝然之，最先引進精確新聞報導的美式作風。《台灣新生報》在民國四十一年二月進行的對日和約民意調查，並在《新生報》第一版頭條中，以顯著地位刊登這一調查的問卷，說明進行調查的原因，作答的方式及寄回問卷的方式。這是臺灣最早的民調，也是新聞界試用精確的報導方法，來評估民意的一起點。民國四十五年，《新生報》成立民意調查部，這更是臺灣地區的第一個正式的民調機構，在成立的六年期間，共進行了近百次的民調。此後臺灣地區的新聞機構在往後的二十年，未再成立專司民意測驗的單位。目前媒體盛行民調、精確報導，即可見謝然之先生當時洞燭先機之先知先覺。

三、引進新聞編採合一制。謝然之先生採用的編採合一制，一直是國內媒體的主流，可以強化記者與編輯之間的溝通，新聞經過策劃、類似製作人制度。目前有部分報社強調編採分立制。也就是將新聞採訪、編輯分開，如此雖可避免互相干擾、著重科層制，然整版新聞的完整、連貫性則受到質疑。

由上述可知，在抗戰、光復時期，不論大陸、臺灣地區新聞教育及新聞實務皆屬一篳路藍縷情況。謝然之在《新湖北日報》、《新生報》時期都是典型的拓荒英雄。所謂時勢造英雄、英雄造時勢，謝先生的事例就是最好的實證。

肆

謝然之先生對於臺灣新聞教育的貢獻，也是令人懷念的。他認為，臺灣新聞教育在三十年來的飛躍發展，不僅超越了過去在大陸的成就，而且逐漸形成為東亞的模範。這是由於三項重要的因素所造成的：一為民主憲政的建設；二為社會經濟的繁榮；三為新聞事業的發達。現在回憶四十年代政工幹校在復興崗首先開辦新聞組，三年後政大新研所成立於木柵，繼之恢復新聞系。民國四十四年世新建校於木柵溝子口，師大社教系亦設立了新聞組，以及嗣後中國文化學院在華岡創設了新聞系。這一段艱辛的過程，現在似乎已成了歷史的陳述，但其間師生甘苦共嘗，確有篳路藍縷，開啟山林的感覺。古人所謂：「作始也簡，將畢也鉅。」然之先生在回憶臺灣新聞教育之開拓時說，民國四十年政工幹校成立後，決定首先創設新聞組。當時總政治部主任蔣經國特別支持軍中的新聞教育工作，創設新聞組也是他的重要指示。政工幹校所有學生都是由部隊中嚴格考選錄取的，新聞組原定只錄取八十人，但其他業科的學員均願選修新聞，人數竟超過二百餘名，結果只好重新舉行口、筆試。最後甄選了一百名為新聞組的正式生，這是臺灣最先接受新聞教育的青年學生。因此復興崗的政工幹校也可以說是臺灣新聞教育的發祥地。

其時政工幹校草創伊始，以光復前的北投賽馬場為校址，後來重新規劃，更名為復興崗。新聞組的課堂原是過去部隊的倉庫，因陋就簡，聊蔽風雨而已。然而大家有革命犧牲的精神，對於物質環境，根本無所顧慮。師生團結，一心一意要建立新的報學與報業。然之先生主持新聞組，聘請黃大鵬、朱虛白、徐詠平、潘邵昂、唐際清與陳恩成等人為教授。

軍中新聞教育的中心目標，是培養冒險犯難的精神，鼓舞民心士氣。當八二三金門炮戰揭幕時，第一期畢業生徐搏九就是捨生取義，成仁於料羅灣的優秀子弟。

第一期畢業學員，成績優異，先後在新聞行政、電視廣播與報刊負實際責任，及主持全盤業務者，不在少數。

幹校新聞組後來改為新聞科，而自第八期起則正式稱為新聞系，教育期限自二年延長至四年，與一般大學新聞課程的標準，完全一致。自改為四年制教育後，與以前大不相同者，是將軍事學科與一般學科截然分開。在分科教育時不上軍事課程，分科教育結束後才進行兵科教育，也等於是大學生服兵役。在生活管理方面，仿照美國西點軍校，採用自治制度，完全由學生成立自治團，發揮自動自覺的精神，以高年級管理低年級，教官只從旁輔導，養成自治的能力。四年制畢業時，除由國防部授給少尉軍官資格外，並由教育部授予文學士學位。因此，幹校之新聞教育是文武合一與學用合一。

民國四十三年，在張曉峯先生主持教育部任內，為配合國策，培育高等通才，決定恢復國立政治大學，並任命教育界元老陳大齊先生為校長。校址勘定於木柵，校區翠峰環抱，溪水交流，風景幽美，但當年卻只是一片荒野，地勢低窪，颱風期內常有水患的威脅。復校之初，百年先生限於經費及人才，先從恢復研究部入手，設教育、政治、外交及新聞四個研究所，並聘曾虛白先生為新聞研究所主任，曾先生是名作家，也是名報人。

政大新聞所首期教授與所授科目如左：

一、曾虛白：民意與民意測驗、編採研究。

二、陶希聖：評論研究。

三、謝然之：比較新聞學、新聞文獻。

四、成舍我：中國新聞史。

五、陳固亭：日本新聞史。

六、王洪鈞：美國新聞學、大眾傳播。

七、鄭南渭：國際採訪。

八、呂　光：新聞法。

九、陳訓念：報業管理。

以後又聘請外國教授，擔任客座講席，第一位是孔慕思教授，他是美國猶大州立大學的新聞學教授；其後南伊大新聞系主任郎豪華博士、日本的小野秀雄教授及南伊大葛萊頓教授相繼來臺任教，他們不但帶來了新思潮，也促進中美與中日文化交流，除了捐贈圖書之外，郎豪華博士並協助新研所高材生姚朋、黃胄、李瞻與張宗棟等，先後至南伊大深造。一年以後，四十四年秋，政大恢復大學部，新聞系從此復校。當時校方請曾虛白兼任系主任，他為了專心辦好研究所，堅辭兼職。陳校長乃親臨《新生報》社找謝然之先生擔任系主任，這是一項艱鉅的責任，謝氏再三懇辭，但未獲首肯，以陳校長之高齡，登上《新生報》頂樓，實在令人感動之至。他臨走時指著樓梯石階笑說：「希望勉為其難罷。」

政大新聞系的復系，一方面要承接過去光榮的傳統，另一方面必須配合世界各國新聞教育發展的新趨勢，尤其要適應我國特殊的國情與國家非常的處境。因此，謝先生在擬定復系的教育宗旨中，曾說明：

「政大新聞系在中國新聞教育史上，曾經有著優良的傳統，我們的教育目標是培養真誠純潔的青年，成為大公無私，盡忠職守的新聞記者。我們以追求真理與事實來建立公正的輿論，為服務社會而不斷努力。我們信仰三民主義，忠愛國家民族，並以促進自由世界人士之團結與瞭解為我們奮鬥的目標。我們深信新聞道德重於新聞的編採技術。因此，新聞系之教育使命就是要敦品勵學，發揚以往的光輝傳統，開拓燦爛的未來，以建設現代的新聞事業。」

為達成上述教育目標，謝氏特將新聞系課程區分為一般必修課及新聞學系的必修課。這一種區分法在現代專業教育中是最合理的基本方針。

復系後的教育方針，在力求理論與實際的密切配合，除了課內講授理論外，特別注重實習工作。經常的實習工作是編印《學生新聞》，每週出版一次，由三年級學生負責編採校對及發行工作，並由報刊實習講師指導。另一英文實習報刊名為「政治前鋒」，是與研究所合辦的，每月出刊，供三四年級選修「新聞英語寫作及翻譯」的學生實習，由鄭南渭教授與余夢燕教授相繼指導，學生則分任編採撰寫與校對工作。

最後是畢業時的業務實習，將四年級學生分組派往各新聞單位實習，並聘請各單位負責人士擔任指導委員。這項業務實習不僅使新聞系卒業學生在理論與實務兩方面配合，更藉此溝通學校新聞教育與社會新聞事業之合作關係。在學生方面可測驗自身志願與興趣，在專業單位可乘機選才，以備聘用。

新聞系恢復之初，專任教授不易物色，唯有借重新聞研究所的教授兼課。以後王洪鈞、徐佳士、李瞻與漆敬堯等先生，相繼自美學成歸國，應聘任教，師資陣容日漸充實。謝氏於四十八年秋應南伊大之聘，擔任客座教授，系務請王洪鈞教授代理，翌年即由王氏繼任。

在政大新聞系恢復同時，成舍我先生發起籌建世新於木柵溝子口，與政大距僅數里之遙，於是臺北木柵成了自由中國新聞教育的新興中心。在舍老的敦促之下，然之先生也加入了籌備的工作，經常出席校董會議，與會者有蕭同茲、程滄波、陳訓悆、郭驥、葉明勳與端木愷等人。

世新以「德智兼備，手腦並用」為校訓，創校之初，即成立印刷實習工廠，設備雖簡，卻證明學術與技能並重，尤其為了世新廣播電臺的設置，更煞費周章，經長期爭取而始獲准。至於《小世界》雖為學生實習報，卻常有獨家出現，為臺北各大報所不及刊出，可說是意外收穫。世新是私校，在舍老的經營之下，由一棟棟教室到一層層大樓，發展為今日的世新大學。

民國五十一年，張其昀先生創辦中國文化學院，先設研究所，次年後開辦各科系，決定設置新聞系，並再三敦促然之先生兼任系主任。當時雖因黨務與報務在身，殊無力挑起這重擔。然而然之先生熱愛青年學子，總希望將個人對報學的經驗與體認，傳授給繼起學子，他說：「這種心情，絕非好為人師，貪慕虛名，而是生平飽經憂患挫折，冀望以培植後進有所報效黨國，兼以答謝昔日師長們所賜予的恩澤，亦即以其所受於先師者授之於我們的後起之秀。這一意念蘊藏在內心的深處，故而不避譏讒，不辭勞怨，一再在臺興辦新聞教育，從復興崗經木柵以至華岡，總是鼓起餘勇，竭智盡忠，為開拓新聞教育的園地而邁前。」

由於華岡離市區較遠，交通不便，開辦時確是頗費心力，他乃聘請鄭貞銘為執行祕書，實際負責系務，並經過多方延攬，方聘妥王洪鈞教授任「大眾傳播理論」、錢震教授擔任「新聞學」、馬克任、歐陽醇教授擔任「新聞採訪」、劉昌平教授擔任「新聞編輯」、張宗棟教授擔任「新聞法規」、黃遹霈教授擔任「報業管理」、姚朋教授擔任「新聞文學」、顏佰勤教授擔任「廣告與發行」、丁維棟教授擔任「英語新聞」。他們乘車長途顛仆，上山教課，始終誨人不倦，予學生啟發甚大。

曉峯先生以華岡二字代表美好的德性，並舉華岡十德，以勉師生。新聞系努力的目標，除了培養學生學識之外，更重於新聞道德的薰陶與待人接物的義禮。

伍

在民國四十八年秋，謝氏赴美南伊大講學時，贏得學子敬重，民國六十年更入選為國際百位報人之一，國內外同輩中鮮有出其右者。他被譽為「臺灣新聞教育之父」，可謂實至名歸。此外，謝氏對於世界道德重整會的宗旨尤表讚揚。他曾多次出國訪問，宏揚道德不遺餘力。

在薩爾瓦多大使任內，謝氏更奠定了中、薩邦交的穩固基礎。他任內曾促成薩國總統與外交部長赴臺訪問，為當時飽受國際外交冷暖的中華民國外交上的一大突破與成就。

此外，在增進兩國經貿與文化交流方面亦有傑出的表現，證明然之先生不只是新聞專才，也是外交戰場的豪傑。

今年為這位學者、報人、外交家的九秩華誕，他的好友、部屬與學生特撰文獻書以祝他的嵩壽，並向遠居海外的謝然之教授致敬，遙祝他福泰安康、壽比南山。(正鳴敬撰)

新聞與教育生涯——謝然之教授九秩華誕祝壽文集

目次

恭祝謝然之先生九秩華誕

謝然之先生與《台灣新生報》

謝東閔

我服務一生的過程中，經歷無數，有的如過海雲煙，早就消逝在歲月中；有的不只是終生難忘，卻永遠印在心版中。

有兩件事與我與臺灣有密切關係，值得寫出來。

這兩件事，都是發生在五十多年以前的事情。

民國三十四年四月底，中國國民黨第六次全國代表大會在重慶召開，我被指定為臺灣代表，出席大會。

我接奉通知後，由工作地點福建飛到當時領導全民抗戰的司令臺——重慶。

五月七日，蔣委員長中正先生特別宴請七位出席大會的代表。席間大家固然有些拘束，但閒話家常，心情慢慢就輕鬆下來。

很不可思議的，餐後，蔣委員長特別把我這位臺灣青年留下來，可能知道我思鄉心切，就授予我一項任務，要我透過中央廣播電臺，告訴臺灣父老好消息。蔣委員長說：「謝同志，請轉告臺灣同胞，臺灣光復的日子快到了。」

那個時候，我離開家鄉已經二十年了，我接受這項榮譽，內心不斷地在念：「故鄉萬歲，臺灣萬歲！」

當時，我很奇怪，中日戰爭正陷於最後艱危階段，蔣委員長何以有自信心，臺灣要光復了？蔣委員長何以把這樣重大而光榮的使命，交付我這個不相識的年輕人呢？

第二件事，我們臺灣青年聚集在一起時候，常常在談天。有一天我們真的回到家鄉，最想做的是什麼工作？包括李萬居、連震東與我等，大家幾乎異口同聲地說：做報呀！李萬居想接辦《台灣新報》。我就說：「『台灣新報』是日本佔據時期的報紙名稱，臺灣一旦光復，不再受異族欺淩，就像新生一樣，為什麼不叫『台灣新生報』呢？」

於是我們一鼓作氣，就請書法大家，黨國元老于右任先生書就，成為今天《台灣新生報》的報頭。

我是民國三十四年十月二十四日，乘美軍由三十六艘編成的登陸艇船隊，自福建省馬尾軍港啟程浩浩蕩蕩向臺灣出發，是第一批來臺的軍政人員，想不到李萬居先生的動作更快，當十月二十五日慶祝臺灣光復的時候，李萬居深藏的《台灣新生報》的報頭，已經印成報紙，在臺灣天空飛揚了，更想不到的，李萬居先生得意洋洋的說：「你的大名也在新聞裡。」我的名字傳至彰化二水鄉里，他們早就準備好臺灣米酒，準備大喝一場。《台灣新生報》雖然誕生，但因為經濟政治以及教育等因素條件，無法配合，可謂是早產的嬰兒。

直至民國三十八年一位報人的出現，才有了轉機，並帶動整個臺灣報業的蓬勃發展。那就是謝然之先生。

謝然之先生是吾國少有而與董顯光先生、馬星野先生並列的現代報人、新聞學者與宣傳家。民國三十八年，大陸情勢急劇惡化時，謝先生原奉命去香港，在那裡主持新聞文宣大計，因為陳誠先生奉蔣公之命，接長臺灣省政府主席。陳氏就在奉化面邀謝先生一起赴臺，共赴國難，接掌《新生報》社長。五月一日在《新生報》新舊社長交接典禮時，就可以知道當時《新生報》的艱困：「交接典禮在報社資料室舉行，我從衡陽路大門，踏上危危欲墜的樓梯走進資料室，自羅代總經理(克典)手中接受移交清冊與印章，從此就負起了重建《新生報》的艱苦任務。」(謝然之，序，徐仲穀著，《堅毅力行》，自印本，頁三)

民國三十四年十月以來，謝然之先生之前就有三位報社負責人：李萬居、常之南與羅克典。果不負所望，事業之成功，真是事在人為，陳辭公選對了人。謝然之先生不只是把《新生報》

辦得如日中天，成為「自由中國第一大報」，其後，乃有《中央日報》遷臺，《聯合報》的聯營以及《徵信新聞報》（《中國時報》前身）的突起，其根源，都是源於謝然之先生主持的《新生報》的飛黃騰達。

謝然之先生辦報，真是理論專家（明尼蘇達新聞碩士）與實務能手（曾辦過《新湖北日報》以及美國密蘇里新聞學院畢業）。

謝然之先生曾擔任《新生報》社長，《新生》、《新聞報》總社長以及新生報業公司董事長。我因為與《新生報》有血濃於水的關係，曾有長達十三年董事長之久（民國四十九年十二月至六十二年五月）。深知謝然之先生為一謙謙君子，平易近人，精明與精細兼而有之，乃能在非常時期中成就非常之業。如今思之，謝然之先生主持《新生報》循序而進，而有以下的作法與成就：

第一、用人唯才，用才為專。他第一位把新聞專業人才，自南京政治大學與上海《申報》引進《新生報》。

第二、改善設備，彩色印刷。工欲善其事，必先利其器。謝然之先生雖然在當時艱困的政府外匯與報社財務之下，仍遠赴美國採購高斯高速多節印刷機；四十二年我因為熟悉日本政商關係，乃推我親往東京訂購池貝廠的六十四吋高速多色輪轉印報機，及自動澆版機、修版機等全套最新設備，開臺灣現代化印刷之先河。

第三、強化內容，提高學術地位。謝然之先生仿照我國《大公報》以及世界先進報紙的經驗，使報紙成為知識份子的園地，成為知識的長河，乃在第二版，以顯著地位優厚稿酬，禮遇有加，邀請當代第一流學者專家，為《新生報》寫專欄。

第四、開闢南部版。先為《台灣新生報》南部版，後更名為《台灣新聞報》於高雄，成為臺灣地方報的翹楚。當年，臺灣交通不發達，以火車運輸為主，臺北運至南部的報紙，連午報晚報資格都沒有，成為隔日報了。所以謝然之先生吸收美國報業經驗兼適應當時特殊政治需要，而創辦《台灣新聞報》，獨立印刷、發行與經營。

第五、高瞻遠矚，力主開放民營。謝然之先生那個時代，還是「官尊民卑」的，尤其官報負責人有特殊政治地位，但謝然之先生看出來的報業潮流，必須民營化，才是正常的報業經營制度。謝然之先生為《新生報》民營化而奔走，並找好了合作對象：「猶憶我曾與陶希聖先生時任中央四組主任懇切商談，聯名簽呈總裁，坦陳官報之弊病，要求將《新生報》改為民營，具體建議，將民股當時的百分之十二，增為百分之五十，由陳啟川先生負責籌資，其餘百分之五十則由報社員工福利社組成財團法人，向銀行貸款，共同向省府承購，正式改制。當蒙總裁批示照准，公文發交省府主席周至柔，竟然石沈大海。」

今天臺灣報業版圖變化何其大，又何其廣，中文報業，可以說改變了紐約時報廣場與英倫艦隊街的歷史。撫今思昔，時代雖然變了，謝然之先生確有現代臺灣報業第一功。

欣逢然之先生九十大壽，他的海內外門生，感念他的春風化雨精神，乃有服務報業社會國家的良機，飲水思源，特發起祝壽之活動，徵稿於余。因為然之先生與本人有《新生報》心血相連的情誼，乃草成本文，藉表對然之先生之懷念與敬忱。

祝然之兄福壽康寧

劉　真

然之兄和我可以說是相交最久相知最深的朋友，我國對日抗戰初期，陳辭修先生擔任軍委會政治部部長及三民主義青年團中央團部書記長，然之兄即為其重要幕僚。我追隨辭修先生較遲，承然之兄不吝指教，獲益至多。六十餘年來，我們志同道合，始終不渝，每一念及，深感欣幸。

大家都知道，然之兄平生對社會國家最大的貢獻，是在新聞事業與新聞教育兩方面。抗戰期間，然之兄在恩施主持湖北省政府的《新湖北日報》；中樞遷臺後，然之兄應臺灣省政府陳主席辭修之邀，由港來臺任《新生報》社長。當時的情形，我非常清楚。如果說然之兄對這兩個報紙都發揮了「起死回生」的作用，實不為過。

然之兄主持報社之所以能夠成功，我想最大的原因，是他公而忘私，為事擇人。例如在《新湖北日報》時期，他邀請毛樹清先生等擔任主筆職務。在《新生報》時期，他敦聘李白虹先生為副社長。其後白虹先生繼然之兄主持社務，白虹先生任內，羅致了一些新聞系科出身的「青年才俊」如石永貴先生等，使報社陣容更為充實。永貴先生後又擔任社長多年，對報社貢獻極大，就《新生報》的發展歷史言，然之兄可以說是一位承先啟後的關鍵人物，而然之兄功成不居，尤值欽佩。

在新聞教育方面，然之兄除擔任政大的新聞系主任外，並創辦了政工幹校及文化大學的新聞系。師範大學社會教育系的新聞組成立後，然之兄即應聘為兼任教授。今日臺灣新聞界的知名之士，大多出自然之兄門下。而然之兄對其門生，尤屬獎掖備至。記得當其主持文化大學新聞系期間，因文化大學位於陽明山華岡，不在市區，然之兄當時工作極忙，無法經常前往主持系務，彼嘗向余言，文化大學系務多賴鄭貞銘先生代為擘劃推動。多年來貞銘先生不負所託，薪火相傳，使文大新聞系人才輩出，然之兄對此當備感快慰。

先總統　蔣公暨經國先生對然之兄均有深切認識，當然之兄在重慶主持中央團部宣傳業務時，曾創辦《中國青年》月刊一種，因內容充實，編排新穎，　蔣公極為嘉許。陳辭修先生擔任第六戰區司令長官兼湖北省政府主席時，適值宜昌會戰告捷（即所謂鄂西大捷），因此一戰役極關重要，蔣公特在恩施召集軍事會議，由陳長官主持，　蔣公親臨大會，對與會將領加以獎勉。然之兄時任《新湖北日報》社長，　蔣公在會畢返渝前，特抽暇召見然之兄，以表示關切之意。

中央幹部學校在重慶中央訓練團開辦時，經國先生即致電陳辭修先生請同意借調然之兄至渝擔任其教育長室之主任祕書，協助策劃幹校校務，辭修先生遂暫允然之兄辭去報社社長，參加幹校創校工作。此後然之兄與經國先生便建立良好的友誼。中央黨部遷臺不久，然之兄即參加黨部工作，歷任中四組主任及副祕書長職務，與經國先生之關係，自日益密切。兩人相知之深，不難想見。

孔子曾云：「益者三友，友直、友諒、友多聞。」凡與然之兄相交較久的人，一定會承認然之兄真正是一位具備「直、諒、多聞」高尚品德的朋友。然之兄青年時期，身體並不強壯，惟近見友人所示其旅美生活照片，乃知其雖屆九十高齡，而身心俱健，遠逾常人。古人所謂「仁者壽」，我想然之兄澹泊寧靜的精神修養，應該是他身體健康的主要原因。我與然之兄多年未見，但懷念之情，與日俱增。茲當其門人編印祝壽專集之際，謹撰此文，藉申賀忱。

懷往事，祝長春

——賀謝然之兄九秩大慶

葉明勳

民國三十八年，大陸變色，政府遷臺以後，臺灣處於風雨飄搖那段遙遠的日子，新聞界面對著國家多難，都在時代逆流的衝擊中接受考驗。當時有幾位令人難忘的人物，然之兄就是其中顯著的一人。今年欣逢九秩覽揆之辰，願以此短文略表祝嘏之忱。

然之兄係於民國三十八年四月隨前故副總統陳辭修（誠）先生來臺，辭公當時臨危受命接任臺灣省政府主席，然之兄抵臺後，五月即奉命出掌《新生報》。我與他訂交始於此時，三十四年十月二十五日，《新生報》創刊之日，首任社長李萬居曾情商與他同機來臺的前進指揮所五位資深記者費彝民、李純青、謝爽秋、楊政和與我，為《新生報》寫社論，我以中央社特派員，也是捉刀人之一。從此我與《新生報》結了不解緣，或董事，或監察人，半世紀來，有一份不可分割的情感。

然之兄是《新生報》歷任社長中任期最久的人，三十八、九年那段時期，我正在主持中央社臺北分社，故時有交往。四十年到四十四年，我出任《中華日報》社長，《新生報》屬於省營，而

《中華日報》屬於黨營，我們兩人都須參加先總統蔣公親自主持的宣傳會談。當時處於戒嚴時代，好像劃地為牢似的接受政府管制，彼此都能堅守分際，以國家利益為前提，不任意而為，不超越規定。這些往事，歷歷在目，如今屈指已逾五十多年的漫長歲月了。

然之兄於三十八年五月接掌《新生報》，至五十年六月卸任，長達十二年之久。他主持報社的期間，最足為人稱道的就是購置臺北市延平南路一一〇號現址，興建大樓，與成立高雄分社，發行《新生報》南部版（即《台灣新聞報》前身）。前者，從改組為公司制度以後，帶領《新生報》走過那個篳路藍縷的草創時代，如改革報紙版面，充實新聞內容，添置設備器材，無不精心策劃，使《新生報》邁向另一全新的境界。三十九年，公營報銷路佔當時總銷數約百分之九十，民營則僅佔百分之十，《新生報》獨佔鰲頭的聲勢，為當時民營報望塵莫及。而後者，然之兄接任之初，高雄沒有日報，第二天才能看到臺北的《新生報》，此事為辭公省主席所重視。於是即命然之兄於一個月內在高雄創辦一家新的日報。然之兄曾回憶說：「緊急任務，來得匆促，各種條件未具，感到手足無措。」他在萬難中全力以赴，《新生報》南部版終於在三十八年六月二十日創刊。這種毅力，深為各方所欽佩。

我與然之兄雖萬里相隔，良覿難申，只望然之兄遠在異邦，仍為我們新聞界長春不老的碩宿，壽享期頤，受福無窮。

然之先生的心性與修為

——為祝他九十嵩壽作

楚崧秋

與浙東謝然之先生相識於民國三十三年的戰時陪都重慶，那時正是對日抗戰進行了七年餘，烽煙漫野，兵民疲敝，但國人的鬥志依然昂揚，勝利亦露出一線曙光的關鍵時刻。於今回想起來，彷如昨日，當時春秋鼎盛、如日初升的謝先生，今已高齡九十，而我這一執弟子禮的後進也已八十之年了。

初識的機緣

初識的機緣是這樣的：全國性的最大青年組織三民主義青年團，於民國三十二年秋決定成立一所命名為中央幹部學校的機構，團方任命經營江西中共老巢（簡稱贛南）頗著政聲，因而對青年有相當吸引力的蔣經國為該校教育長。當年招生最初以全國大專畢業生為對象，為該校研究部第一期，錄取的人數不到三百名，我為其中之一。校址設在距重慶市區不到十公里的郊區，為接手一舊的訓練班址，只能說是環境尚稱幽靜，而於三十三年五月五日如期開學。

學校雖屬草創，大概由於團方決心辦好這所訓教兼具的學院，加以主持者的人脈關係，因此在師資方面很明顯的在刻意求好，當年學府重鎮中央大學等校的名教授，幾乎全被禮聘前來授課。謝先生原本服務於總團部，蔣先生因慕其名，且瞭解他是時任軍委會政治部部長，兼為團書記長陳誠幕中才俊，乃邀他出任學校主任祕書。自開學之日起，他和蔣先生一樣，與同學們一同生活，一同絃誦，一同勞作，因此師生之間的情義，乃完全溶合在一起。

相別到重聚

承他謬愛，在幹校研究部一期近三百名同學間，他對我相當垂青和愛護。本來他的主祕職司，與同學們並無很多直接來往的機會，但公餘之暇，我有時會相約到他辦公室談談，也曾與一二同窗被邀到他的校內居家便餐，因而得以拜見他清麗好客的夫人高萍女士。

接觸多幾次之後，他們夫婦的一些意見，都具有相當的啟示意義。不久，由於陳誠奉調湖北主政，然之先生應約出任《新湖北日報》社長，而我亦因蔣教育長經國奉命兼主青年軍政治部，指派為其辦公室祕書，協辦文書機要。以是各有所事，短時間沒有什麼交往。

民國三十四年秋，八年對日抗戰喜獲全面勝利，我們在南京又獲重聚。他因求知心切，很快赴美深造，專研他所喜愛，且有實務經驗的新聞學。在此期間，我們魚雁相通，一點也未感到隔膜。直到三十八年因國家大局劇變，彼此間關入臺，很自然的，我們又相見相談了。然國事蜩螗，世局杌隉，彼此心情難免是沈重的。

問教受益多

其時，中央政府播遷來臺，陳誠出主省政，謝先生乃奉命擔任當時臺灣第一大報，也是省府喉舌的《新生報》社長。記得三十八年冬我去看他，除了簡單地互敘闊別，驚異地略話大局之外，他問我目前做什麼事，我告訴他正在教書。因知我的英文還可以，就交代我從英文報刊，選譯若干有新聞及參考價值的專欄送刊。當時，我特別取了「極天」這一筆名投稿，至今有時還沿用。由此一段往事，也可瞭解到他對後進的啟發，及對我個人的呵護。

三十九年蔣中正總統復行視事，經國先生奉命出任國防部總政治部主任，他要我回部工作，當然只有欣然應召，這不僅是一種師生之情，抑且是道義所在。我曾以此告知謝先生，他亦謂然。

後因韓戰爆發，我赴日工作一段時間，回國不久，已擬赴美完成久懸的學業，突奉令擔任蔣公中正的新聞言論祕書，囑緩成行。從此由於工作性質關係，與然之先生的交往比過去十年任何時期為頻繁，向他問教請益的機會，亦隨之而倍增。凡所接談到的事情或問題，他總是耐心地解說，將其來龍去脈和利弊得失仔細剖析。

四十七年秋我為蔣公工作整整四年之後，奉調到國民黨中央四組任副主任，主任是新聞先進馬星野。三年後馬先生外放為大使，然之先生銜命接掌，我自然成為其副手。這是我第一次在他領導之下工作，不論在公私那一方面，我們都是水乳交融，合作無間。最令我心存感激的，就是在做事做人各方面都學了不少。

修持過人處

五十年代中期，他外放為大使，海天相隔，晤教不易。爾後近三十年以還，他因人地關係，羈身海外，然其對國家的熱愛，對世事的關懷，對長官、朋友、部屬、學生的情義，始終是穩持節度，歷久不衰。我與他之間雖謀面未遑，然彼此切念之情，一如往昔，我覺得這確是人間最可珍惜的溫暖。

自識謝先生至於今日，已整整五十五個寒暑。總結他的待人接物及個性修持，我想綜合為四個特點：㈠和平中正的天性。㈡溫文儒雅的襟懷。㈢身體力行的修為。㈣實事求是的風範。

今歲欣逢他九十嵩壽，無以為祝，特陳述我久積心頭的至情與感懷，如此不僅在虔願他賢伉儷善珍永健，而且深望我中華民族昌隆興盛的共同願景漸獲實現。

臺灣新聞教育的拓荒者

——敬賀九十嵩壽的謝然之先生

王洪鈞

前言

民國八十八年九月收到中國文化大學新聞所系鄭貞銘教授等五位先生聯名信函，告知謝然之先生明年九十嵩壽，囑撰文祝賀。旋覆函鄭教授，有謂：「然之先生九十高壽，確稱我儕喜事，必須慶祝。古稱：仁者壽。然之先生秉性仁厚。五十年前，我在南京首次拜識。多年追從，奉以師禮。祝壽文集，倘有篇幅，自當撰文申賀。所謂飲水思源。若非然之先生提攜，洪鈞可能無緣奉獻新聞教育，故常存感激之心。」今日完稿，遺憾未能盡意。千言萬語銘刻於心而已。

壹

最早拜識謝然之先生是在民國三十六年。其時，我正從南京《中央日報》平津特派員職位調回總社服務。記得是張道藩先生擔任中央宣傳部長，特別舉行茶會介紹新近畢業美國密蘇里大學新聞學院的謝然之先生，並宣佈已聘請然之先生籌設中央新聞資料供應公司，道藩先生自任董事長。我當時負責《中央日報》資料供應社，雖然業績不錯，仍屬試辦性質。此後便有多次機會向然之先生請益。

政府遷臺後，然之先生主持臺灣規模最大的《台灣新生報》，代表臺灣省政府，而馬星野先生所主持的南京《中央日報》亦遷臺復刊。兩報性質略同，必然在新聞上和業務上有很大的競爭。不過，據我個人瞭解，兩位先生彼此仍互相尊重，私下亦從未道及是非，毋寧由於兩人專業理念相似，在當時群雄初起的臺灣新聞界，有如惺惺相惜。民國三十八年七月二十日晚，《中央日報》著火，馬社長站在中正路報社對面馬路安全島上望著熊熊火焰，表情凝重，我便建議馬社長立刻打電話給謝社長，請借用《新生報》機器代印當日《中央日報》，因為《中央日報》是革命報紙，不能一日無報。我亦相信兩位先生之間有這種患難與共的公誼私交。

《中央日報》同仁可稱為政大新聞科系的班底，但由於謝然之先生對校別觀念極為開放，一視同仁，對政大早期畢業同學毫無門戶之見，所以《新生報》的重要人事亦多政大校友。我在擔任《中央日報》採訪主任期間，因南京舊識關係，多次詣《新生報》與然之先生求教，然之先生娓娓道來，我則如沐春風。

貳

然之先生心胸開闊，對後進信任提攜，不少門生故舊有著深刻的經驗。最是臺灣的新聞教育，早從政府遷臺之初，至少政工幹校、政大，和師大三校是然之先生所籌設，稍後則有中國文化大學。新聞及傳播教育今日在臺灣已經蓬勃發展，但早期無論軟體硬體皆須從頭做起，然之先生從各方面網羅了許多專才，披荊斬棘，共赴其事。古稱：「作始亦難。」今日回想，然之先生當年若汲汲於事功，必可事半功倍，而竟經營多校，拓荒臺灣新聞教育之園地，自是使命感使然。

正因為如此，各校之間得以教育理念相近，師資共享，無分畛域，合作無間，蔚為近半個世紀以還臺灣新聞及傳播教育之傳統精神。我自己便濫竽多校，樂此不疲。許多同仁也奔走各校，不計辛苦。雖然「有教無類」，聖人早有明訓，但臺灣新聞教育早於萌芽之際，謝然之先生作為拓荒者所表現之使命感確影響了繼起的許多臺灣新聞教育師資，也在無形中形成一種恢宏開明的風範。

參

就我個人膚淺的生活經歷而言，今日終能厠身臺灣的新聞教育近半個世紀，且視融合中國傳統文化思想之新聞理論研究為餘生大志，永遠感念兩位恩師與兩位恩人。前者自是馬星野先生和董顯光先生，後者則為謝然之先生和胡健中先生。

尤其在我繼從三位先生完成美國密蘇里大學新聞碩士學位後，停留芝加哥和紐約從事新聞實務期間，若非胡健公和然之先生的關懷，恐怕不會獲得返國服務的機會。那是民國四十五年十一月十一日，胡健公以聯合國大會中國代表團顧問到紐約開會期間，約我前往見面並堅邀回《中央日報》工作。而然之先生則已數次函囑返國。盛情厚愛，除遵命外，別無選擇，乃於翌年春季，搭輪東歸。

抵臺北當日晚飯光景，家中來了第一位貴賓，便是謝然之先生；稍事寒暄，然之先生就囑我準備到政大新聞系任教。尚未深談，第二位貴賓胡健中先生也光臨寒舍。兩位報壇先進在我返國當日不約而同蒞舍，並殷殷垂詢，安排工作，此番情義山高水長，稱為恩人，絕非飾辭。這種感受固已久銘心版。我在民國八十二年由正中書局出版《我篤信新聞教育》一書〈滿懷壯志我歸國〉一篇中便記敘了這段殊遇，更以無限感激心情寫道：「兩位長者在我返國第一天竟如此錯愛，叫我如何報恩？」

既有這樣的淵源，我在政大的工作便不輕鬆。由於政大新聞系創辦伊始，且祇有我一位專任副教授，而師大社教系新聞組亦在然之先生策劃下同時成立，然之先生便將許多系務交我處理。他十分關心學生，希望我多和同學在一起。因此政大新聞系早幾期畢業學生多與我情同兄弟。然之先生稍後創辦文化大學新聞系時，也採用類似方式，許多系務皆由鄭貞銘教授負責，成就斐然。

不但政大新聞系、師大新聞組，政大新聞研究所由曾虛白先生主持，李瞻先生負責，然之先生和我都積極參與。政大新聞所系固然形成一體，其他大學新聞系所今日雖各有特色，但在陸續創辦之初所採制度及課程種種亦多以政大新聞系為藍本。

肆

然之先生平和仁厚，文章書法，秀逸出俗。因政治理念相近，早獲陳副總統辭公知遇，於湖北恩施創辦《新湖北日報》，抗戰末期到陪都重慶，協助蔣經國先生設立中央幹部學校，培養黨政領導人才，一般說來，政治關係極為深厚。

以我淺薄的瞭解，然之先生似對拓荒臺灣新聞教育情有獨鍾。最難能可貴者，他在何時何校，皆以新聞事業之專業理念為指標，從未將個人政治關係帶進學校。

然之先生作人方正，生活嚴肅，與馬星野先生相似，雖然握臺灣報壇牛耳多年，不乏紳商接觸機會，卻一貫潔身自愛，極少酒肉徵逐。我個人不敢自喻清流，但有幸親炙前輩風範，所謂言教身教，受益匪淺，當有助年輕一代新聞記者知所自持。

伍

繼《新生報》及所屬高雄《新聞報》社長職務後，然之先生奉派主管執政黨文化宣傳業務，且一度出使薩爾瓦多，離開他一手開闢的臺灣新聞教育園地，遂漸行漸遠。而我在繼任政大新聞系主任後，亦兩度出任政府職務，漸少晤候機會。光陰荏苒，我今已自新聞教育崗位退休多年，雖然往事依稀，但對然之先生提攜引進新聞教育的恩情，正如前所引用拙著《我篤信新聞教育》書中所說，正不知何以報答。

今年欣逢然之先生九十華誕，仁者壽也。朋友門生出版壽集為歷史補闕，誠有必要。更由衷仰盼然之先生及夫人福躬健朗，九十還鄉，親眼看看五十年前披荊斬棘拓荒之園地，今日是何等的巍峨壯觀，使臺灣的新聞教育，一年年，一代代，衣鉢相傳，為國家、社會，尤其是新聞傳播事業，培育了多少棟樑人才！

尤其是「華岡新聞館」匾額，今仍高懸，許多華岡學子每日穿進穿出，景行仰止。我在校之際曾對同學說：「華岡新聞館」不單是一棟建築，而是整體華岡新聞教育之象徵。其最神聖的意義在於結合中國文化與新聞教育的理念，建立新時代中國新聞記者的新風格。這種風格早從然之先生創立華岡新聞教育之際開始奠立，後繼系所院師生經之營之已見規模。無論政工幹校、政大、師大，及文大今日新聞傳播教育之成就，足為然之先生九十嵩壽慶！

然師，我們永遠崇敬您！

林大椿

民國四十年夏，謝然之老師在復興崗創立了自由中國第一所新聞教育的班次，我適逢其會，忝任該班的國文教員。

自我受聘來校，王昇上將當時以建校委員出任訓導處長，邀我兼任研究班的訓導員。那時，全國愛國熱潮洶湧，而且誰到了復興崗，誰都願意獻身於復興崗。所以復興崗有一個口號「一日復興崗，終身復興崗」。我因此不自量力，也樂於一個人做兩個人的事，但沒有任何兼任的薪資及軍職的優惠。而且再忙再苦，也不覺其苦，但後來竟因體力不勝，生了病而辭去兼職。

正當我過著復健生活時，有一天，偶然搭乘然師從學校回臺北的便車，然師在車上即徵求我代他照顧系務，其實，他需要的是我代他出席校內各種繁瑣的會議。正所謂「師命難違」，我從此就這樣栽進新聞教育的圈子裡，直到現在，仍擺不掉一些干係。

屈指算來，不覺已過了四十八年。最初，然師知道我曾有多年的編採經驗，他希望我指導同學們實習校內外的編採工作，要我好好的修改他們的稿件。我原是「跨系」的國文教員，曾擔任本科班（後改為政治系）及業科班（後分別成立音樂系、美術系、影劇系、新聞系、體育系）的文史課程，甚至教過音樂系「歌詞作法」一課。我得以全心全力投注於新聞課程，是第二期以後的事。當時我以「在職學習」的心態，對「新聞寫作」及「新聞評論」，多加揣摩，多所請益，使我在當時新聞師資還比較貧乏之時，濫竽新聞教育界。不到三五年，已寫下《新聞寫作原理》及《新聞評論學》兩本專書。這不能不感謝然師的有意栽培。

談起民國四十年代自由中國的新聞教育，不可不提及四所創立新聞系（組）的學校，即政工幹校（以後改名政戰學校，英文名FU-HSING KANG COLLEGE）、政治大學、臺灣師範大學、文化大學。但這四校的新聞系（班）都是謝然之先生所開創。那時，然師是自由中國《台灣新生報》的社長。這份報紙是日據時期臺灣六大報紙合併而成的《新報》，到三十四年臺灣光復，由政府接收的。三十八年五月，該報改組為公司，由然師出掌社務，擁有臺北及高雄兩大報紙，同時興建大樓，購置最新彩色高速輪轉印刷機，加強社會服務等，使它成為最具規模、讀者最多、財力最雄厚、人員最多的首屈一指的「臺灣大報」。

然師出身於美國密蘇里大學新聞學院，又深造於明尼蘇達的大傳學院。抗戰時，曾任《新湖北日報》社長，陪都重慶國際新聞處高級人員，中央幹部學校祕書，南京國立政大新聞系教授。

事新聞人員的短期召集教育，都在復興崗舉辦，借此機緣，我大量接觸到實務界的新聞人士。再加上學校每期到各新聞機構作畢業生實習，我得到新聞界的大力支持。同時，然師的新聞系所學生也嶄現頭角了，他們都像然師一樣，愛護復興崗的新聞系。如王洪鈞兄，鄭貞銘兄，李瞻兄，吳驥兄，石永貴兄，姚朋兄，徐佳士兄，都熱心參與復興崗新聞教育。特別是在政大和文大接然師之棒的王主任和鄭主任，因為然師的關係，與復興崗格外投緣，經常有聯誼活動，以後且聯合發起大傳教育協會的組織，有計劃的擴大新聞教育人員的互相切磋研摩。

欣逢然師九十大壽，在徵文紀念通知中，希望附上一些照片，我覺得然師和我在徐摶九（這位在金門為採訪新聞而犧牲的烈士）銅像前所拍的合照，顯得特別有意義。徐摶九是然師第二代的得意門生，他求仁得仁，代表然師創立的新聞教育之成就。雖然他的犧牲，我們都同感難過。還有三個由然師創立的新聞系，在民國五十年代，曾經有過很好的合作與聯誼，當然這些點點滴滴的留痕照片，想必也是然師所樂見。

復興崗新聞教育是成功的，所有畢業同學都不會辜負然師創系的恩情，在工作上都有積極的表現。在復興崗服務的，自六十二年我辭去新聞系主任後一直由畢業同學擔任，依次為祝振華、戴華山、蔣金龍、劉濟民、劉新白、劉建鷗。新研所於七十二年成立，余承乏為首任所長，以後依次為黃新生、吳奇為、劉濟民、劉新白、劉建鷗（由劉濟民開始，系所主任同一人）等同學。

然師，我們永遠崇敬您！

軍中的新聞工作，大部分都由新聞系的先期同學負責，後期同學接班。軍隊之外，如《新聞報》與《新生報》首先由葉建麗一人擔任社長，到後來兩報社長也曾由十一期同學趙立年擔任。當年的先期同學到現在都已退休了，他們為國為軍都盡了應盡的責任。退休以後，所寫文章廣受歡迎、新聞行政領導卓越，現仍在職的《聯合報》社長張作錦，以及能為《新聞鏡》周刊社繼歐陽醇兄為社長的劉恩祥三期同學，成就非凡，皆屬一時之選，仍不斷的倡導「媒介中的媒介，新聞中的新聞」，為「受眾有權、媒介有能」作不斷的努力，更為難能可貴。當然還有很多卓越人才遍佈於軍中的新聞單位，如《青年日報》、《臺灣日報》、《金門日報》、《建國日報》、《馬祖日報》、三軍及各總部的軍報、華視電視臺、漢聲廣播電臺、光華廣播電臺，甚至中影、中製、《中央日報》、中央通訊社、警察廣播電臺等單位都曾由復興崗子弟們擔任。但因篇幅關係，無法一一列舉。我也已於七十四年十月退休，但還在系裡兼課，直到四十五期學生班畢業為止。這三年來，我雖不再兼課，但系所偶然要我回去作專題演講。所以關係未斷，我可以代表然師所創立的復興崗新聞教育系所培育出來的全體同學，向　然師說句祝福的話，恭祝　然師及師母：

萬壽無疆，萬事如意！

然師，我們永遠崇敬您！

謝師恩

彭 歌

緬懷風沂興，千載相與謀——明・王陽明先生詩

二〇〇〇年是千禧之年，欣逢恩師謝然之先生八秩晉八華誕之期；海內外門生故舊，發起編撰祝壽文集，說出每個人出自肺腑的感戴之言，弘揚師道，並從不同的角度，對謝師的學術事功，作忠實的紀述與闡發。這不僅在表彰先生在中華民國當代新聞事業和新聞教育上的重大貢獻，更可呈現出在過去的四五十年間，臺灣轉危為安、從無到有的艱苦奮鬥歷程。在此承先啟後的年代，意義尤為重大。李白詩，「暮從碧山下，山月隨人歸。卻顧所來徑，蒼蒼橫翠微」。從前走過的道路，不必也不會再去重走一遍。但翠微蒼茫之中，有我們的足跡。對我個人言，是謝老師引導我踏上了新聞記者的途程，終身感念難忘。

廣播中聽到喜訊

一九四九年春夏之交，大陸面臨空前的變局。因總統蔣公已於年初引退，社會動亂，人心惶惶，戰事到了「兵敗如山倒」的階段。我當時困居武昌，四顧茫茫，真有「不知何處是兒家」之感。回北京與分離多年的家人骨肉團聚，固所願也；但新政權那一套理念和作法，我覺得難以接受。就算甘心作順民，恐亦難求立足之處。如繼續流亡南下，何處才是安身立命之所？史棻已隨她的父母南下長沙，我們尚未結婚，但已兩心相許。所以她不時催我儘早離開武昌，以免陷於危境。

我那時在武昌一家報館任職。因局勢緊張，大部分編採人員住在漢口，過江輪渡停航，便只有我這住在報社裡的編輯獨撐危局。報社規模簡陋，連電臺都沒有，只靠按時收聽廣播，作為外地新聞的主要來源。我一個人邊聽邊錄，重要的便改寫成「本報特派員專電」。

有一天上午，忽然收聽到一則廣播，大意說，「臺灣省政府主席陳誠，任命謝然之為《台灣新生報》社長」。這條簡短的報導，猶如暗夜中的一道閃光，為我帶來了光明希望。從武昌到臺北，不僅千里遙隔，而且關山險阻，不敢去想怎能走得成，但知道了有謝老師在臺北，我至少有了投奔的目標，不至於流離失所。

於是我逃出武昌，往岳陽到長沙。與史棻完成婚禮後，在她父母祝福之下，懷著「到臺灣共赴國難」的悲壯心情，開始了逃亡兼蜜月的行程。

最年輕的社長

謝然之先生，字炳文，浙江餘姚人。餘姚為明代大儒王陽明的故鄉，人文薈萃，賢豪輩出。謝先生在東吳大學畢業後，赴日本中央大學深造。抗戰期間回國服務。陳誠將軍為當時少壯軍人之翹楚，深受蔣公倚重。戰時政務大都軍政一元化，陳辭公以戰區司令長官兼湖北省主席。武漢淪陷後，湖北省會遷往鄂西山區的恩施縣。省府所屬的報紙《新湖北日報》，也在恩施發行。謝先生受命為社長，還不過二十八歲，是全國最年輕的社長之一。他每天撰寫社論，批改大樣，是「一肩挑」的社長，樣樣都得親自動手。

抗戰末期，蔣經國先生創辦中央幹部學校。謝先生到重慶開會，應邀出任教授兼主任祕書，為經國先生重要助手。此後赴美研究，在密蘇里大學和明尼蘇達大學深造，獲新聞學碩士學位後返國，在中宣部任新聞事業處處長；並應系主任馬星野先生之邀，在政治大學任教。

一九四九年，大陸局勢惡化。陳誠臨危受命，負責整建臺灣為復興基地，他把整頓《新生報》的擔子交付給謝先生。《新生報》和《新湖北日報》一樣，都是省府所轄的報紙，但《新生報》規模較大。一九四九年的大環境和抗戰時期大有不同，至此真所謂「退此一步，便無死所」。《新生報》當時是臺灣第一大報，也就是代表自由中國的聲音。謝先生以春秋鼎盛之年，夜以繼日，孜孜不倦，把報紙辦得有聲有色，宣揚國策，團結民心的重大成就，為海內外人士嘉許讚嘆。日本在第二次大戰末期，厲行嚴格的軍事統治，本土如此，臺灣當然更無例外。日人的總督府將全臺原有的報紙強制合併，名為《台灣新報》，是直屬總督之下的言論機關，在殖民地文化體系之下，《台灣新報》與臺北帝大地位相當，由於是兼併多家報社而成，所以分散各地的產業甚多。但光復初期未得其人，經營未見起色。

然師接任社長之後，經過一番積極整頓，使報社振衰起敝，成為名副其實的第一大報。又在高雄創辦南部版，也就是今天的《台灣新聞報》，此外還有新生印刷廠等附屬機構。「新生報業集團」極受朝野重視，並為同業稱許羨慕的團體。

報效黨國辦教育

謝先生在辦報之外，還投下很多的心力於新聞教育。國立政治大學在臺北復校之初，政府敦聘名哲學家陳大齊（百年）先生出任校長。陳先生以新聞系過去是辦得很有成績的重點系，特別商請謝先生出任系主任。謝先生遜辭再三。最後一次陳校長親自到《新生》報社來勸駕。陳校長走上四樓的社長室時，體力已有不勝，白髮蒼蒼的老校長指著那樓梯說，「我年紀大了，本來沒有上高樓的力氣。為了學校和學生，我是勉為其難。請你看在我爬樓梯的誠意，也勉為其難吧」。謝先生才不得不接受付託，在木柵重建了政大新聞系。

可能是由於主持這個系之後，張其昀先生在中國文化大學（當時是學院）增設新聞系，還有政戰學校的新聞系，初創時期也都由謝先生負責。一個人同時肩負三個大學裡培植新一代新聞記者的主要責任，在以前未見，以後大概也很少有。由此可見謝先生的學識人望，受各方推崇信賴的程度。

謝先生多年之後曾在一篇文章裡說，「這種心情並非由於好為人師，而是生平飽經憂患，冀期有所報效於黨國的栽培，兼以答謝以前師長所賜予的恩澤，以我所受者授之於我們的後生。這一意念蘊藏在內心深處，我之所以不避譏讒，一再在臺興辦新聞學系的動機，就是為此。」

謝師的這番心意，直到我自己進入中年，從國外回來的時候，才算完全理解。當我走上講壇、開始教書的時候，心中所想的也正是要盡心教導後生，以報師恩。

傳授編採的本領

我們那一班同學受教謝先生的門下，為期大約兩年。有關新聞學的基礎知識，幾乎都得自先生。

我於一九四五年秋間考進政治大學新聞系十五期，當時校址在重慶市南岸小溫泉。大一排的都是一般課程，國文、英文、政治、經濟、法律。與新聞有關的，只有系主任馬星野先生的「新聞學概論」。

勝利之初，一片歡騰氣氛。第二年，學校復員還都，回到南京。馬先生受命為《中央日報》社長，責繁任重。幸好南京為首善之區，人才集中，當時的師資陣容比小溫泉時期更為堅強。像沈剛伯、方東美、方豪、馬潤庠等師長，都經禮聘來校。新聞學方面的課程，馬先生便託付謝先生。謝師為我們開過編輯、採訪、實務與理論、經營與管理等課。還有新聞界許多位前輩，如蕭同茲、陳博生等為我們作專題講座。沈錡、潘煥昆等先生教「新聞英語」，張友鸞講「副刊編輯」。

謝先生當時自美學成歸來，常常將國內外情形作為對比，深入淺出，條理分明，又鼓勵我們多方吸收歐美新知，發揮自己的想像力。謝師很重視「自己動手作」的實際工夫。在「編輯實習」

的班上，他帶來大批中央社的油印稿，每個學生分到一大捲。先從標點、校正作起，然後修改內容，作必要的增潤刪節，逐條撰寫標題，設定規格，到最後設計版面，畫大樣，以至拼版完成。當場作不完，下週繳卷。

再過一週，老師把作品發還。當時全班有六七十人，每人編了一大堆新聞稿，都經老師批核改正，並講解為甚麼這一條新聞要作得更明顯，那一條要加框；為甚麼不可以「衝題」，為甚麼不該「斷欄」。又譬如拼版拼了一半，突然發生意料不到的重大事件，應該如何作緊急處理……這些問題，平日讀報似皆司空見慣，但真正自己動起手來，還有很多「知其然不知其所以然」。幸賴謝師耳提面命，細心教導，一一得其訣竅。

過去有人說，新聞系的學生，甚麼五W一H，講得頭頭是道，但出場採訪，不知如何發問；上了編輯檯，不知如何作題，都是「能說不能行」。我們經過謝師的諄諄教誨，至少把理論和實務打通。後來進報社工作，大都能即學即用，沒有開不了口、標不出題的苦惱。

新聞自由與責任

當然，有關編採實務的本領雖然重要，畢竟祇是「術」的層次。謝先生從新聞學理論以及新聞發展史的實例中，更重視新聞自由與新聞道德的融會與實踐。就我個人在國內外接受新聞教育、以及後來自己也走上講壇，坐而論道的體會，古今中外新聞界所遭遇的挑戰，大抵都不出這兩者如何求其均衡。

從英國的大詩人米爾頓於一六六四年發表〈出版自由請願書〉，嚴厲批評英國的出版檢查，是積極主張出版自由的第一聲。儘管米爾頓先知性的呼籲，在當時並未得到甚麼具體的結果，卻是西方自由思想史上的一大關節。謝先生為我們講授米爾頓以次，如洛克、盧梭、彌勒以至美國開國元勳傑佛遜等人的重要著述和理論，當時我們還祇是看作「古聖先賢的知識」，隨聽隨記，略得皮毛而已，並未追究原典，作深入的探索。像謝師曾一再引述的傑佛遜的名言，都是我們前所未聞的，自然印象深刻。

傑佛遜主張，民主政治的第一目標，在達成真理與理性的統治；而維護新聞自由以廣開言路，則是尋求真理的唯一大道。新聞自由即使被人濫用，人民仍能在真理與虛偽之間有所判別。若新聞自由被政府箝制，人民對是非善惡將無從表示意見。因此，他強調，「寧可有報紙而無政府，不可有政府而無新聞自由」。這些話曾出現在許多有關新聞自由的論著中，但我第一次領會到新聞事業的重要性（甚至比政府更不可缺少），就是從謝師口中聽到。

不過，謝先生並非對新聞自由無限度的支持者。歐美資本主義社會，龐大的新聞機構每每為財閥或財團壟斷，難望其真正為老百姓仗義執言。同時，民營事業不得不追求利潤，到後來便有「鈔票掛帥」的危機。這種現象，在一九四六年我們讀書時已經出現，到如今這一「難局」不但未獲解決，且似變本加厲，中外皆有同感。

四五十年前的新聞事業，以報紙為主流，通訊社、雜誌社影響有限，廣播剛剛興起，電視還像「天方夜談」。大多數同學都以將來進報社服務為第一志願。

可是，大局越來越壞。國、共打打談談，大都市表面上一時看不出甚麼跡象，但廣大的「面」已呈糜爛之局。南北交通常常斷絕，北方來的同學都有「有家難回」之嘆。

「鄉村報紙」之夢

政大規定四年級要交畢業論文，我選定的題目是「論鄉村報紙」。當時的想法是，報紙是工商業發達、人口都市化之後的產物。中國幅員廣大，而交通不便。都市編印發行的報紙，要想深入農村，有其實際上的困難；同時報紙主要銷場在都市，內容往往也與佔人口百分之八十以上的農民脫節。我的構想是，以精簡的人力，低廉的成本，簡易的內容和文字，出版小而精的鄉村報紙。相信這型報紙對於基層文化建設的貢獻，比大報更為實惠有效。

具體規劃是，以我家鄉河北省為例，一縣辦一份報（彼時有很多縣裡都沒有自己的報紙）。當時上市未久的一種電動油印機，價錢較便宜，使用亦方便，每小時可印兩千份。一臺收報機，可以抄收電訊新聞。本地新聞則以就地取才為主，要切實和當地民間社團與學校教師等合作，把辦報和教育推廣、社會改革結合起來。

我預備結合一兩位同道作為核心，我家在北平原有一些房產，脫售後勉強可充創業資本。第一年選擇兩個僻遠縣份為實驗點，以後每年以幾何級數擴增。如果一切順手，十年之內可以遍佈全省。聚沙成塔，再在北平或天津興辦大報和廣播電臺，以深厚綿密的地方基礎，可望獨步華北，進而影響全國。

現在看來，這完全是一個既無雄厚財力基礎，又無堅強組織後盾的「小人物狂想曲」。但以一個新聞系三年級的學生來說，這是個青年人滿懷熱誠、報國淑世的小小志願。我相信，農村若不能徹底改造，中國的富強之夢很難實現。而要改造農村，與教育同樣重要的，就是新聞媒體腳踏實地為農民服務。雖亦明知困難重重，但我思考得很認真，且相當樂觀。

我請謝師擔任論文指導教授，先生欣然同意。他指定我閱讀一些有關典籍，並要我晉見晏陽初先生請益。晏先生終身倡導農村建設和教育，是世界知名的專家。謝先生並為我寫了介紹信。

可是，大局變化太快，戰火漸漸逼近長江，華北地區遍地烽火。「鄉村報紙」云云，不啻痴人說夢。晏陽初先生應聯合國聘請出國，一說是參加世界糧農組織。謝先生由中央安排，也離開南京，出任香港《華僑日報》總主筆。一九四〇年代《華僑日報》是港九最大的報紙。我的論文後來雖及時交出，但首都即近蒙塵，政大開始南遷之路。〈論鄉村報紙〉有一部分後來在臺北編輯人協會出版的《報學》半年刊發表。

昔人有謂，「淨洗鉛華悔少作」。我引為悔恨的，倒不止是青年時的不成熟，而是國家在驚天動地的大動盪之中，許多有價值的「構想」連試試看的機會都沒有，就已煙消雲散。

主持《新生報》盛況

一九四九年七月十二日，我和史棻在長沙結婚，次日南下廣州。在南遷途中的政大，停留在廣州郊區的大墟墟，許多同學都過著流亡生活。雖然食宿尚無問題，但前途不定，心情甚為不安。我們兩人決定到臺灣去。

《新生報》的原址在衡陽路上，即原力霸百貨公司那一片地上。房舍雖已老舊，但仍相當氣派。我和史棻請見謝先生。他要我們先休息幾天，再去看總編輯蔣君章先生安排工作。這一陣，報社整合陣容，禮聘了好多位由京滬一帶來的新聞界先進，我們則是剛剛畢業，「及鋒而試」的新兵，分別參加了編採行列。

蔣君章先生曾教過我們那一班「人文地理」，他把歷史和地理結合起來講述分析，使我受益良多。他在南京時工作很忙，所以課總排在週末，選的人較少。我喜歡聽蔣先生講「胡人南下牧馬的地理因素」等專題，分析中國歷史上外患常常是自北而南的人文經濟因素。我聽課認真，考的成績很好，所以蔣先生對我印象不錯。想不到這次臺北重逢。他知道我已有編輯工作的經驗，便派我主編新增加的文教版（那是臺灣報紙上第一份以文教為主的新聞版），不過正式名義和別的新來同仁一樣，都是「助理編輯」。

文教版兼容體育，兩者性質相近，都與青年學生關係密切。不過，版面太小，很難充分發揮。史棻採訪文教新聞很努力，但有一次碰到了重大球賽，我就把她的稿子大加刪節，她抱怨我「不識貨」。她告訴我她費了多少時間才找到新聞線索，求證某一事件的正確性，別的報紙沒有，卻剛好是那一段被我刪掉了，所以她特別生氣。我當然也有一番理由；不過經由她的抗辯，更使我體會到採訪工作之艱辛，又須得到編輯的支持和配合。此後不但對她，也對別的採訪同仁的工作倍加尊重。平時和他們談論新聞經緯和採訪經過，也向他們提出有關寫作的建議。因為溝通良好，彼此都有所得。

謝先生為了光復未久有些中年讀者閱讀漢文尚有困難，特別增編了日文版的《軍民導報》，隨

《新生報》附贈，甚獲好評。《新生報》的發行量亦更為擴增，深入農業地區，為其他媒體所不及。廣告量源源不絕，更為各報所羨慕。廣告組有位外務員楊水塗，幾乎夜夜出入酒家，不是他拉廣告，而是大客戶請他費心安排版面。還有一位外務員也很風趣，以「臺北市夜班市長」自稱；晚年活躍政壇，就是曾任臺視董事長的陳重光。

蔣君章老師不久另有重要任務，副總編輯王德馨先生繼任。麾下編採譯校陣容之堅強，在當時確實獨步一時，當行出色。那個班子後來出過好幾位社長、總編輯、電視公司副總經理、新聞系主任、教授，還曾出過兩位大使（濮德玠和張遵權）。這也說明了一個簡單的道理，事業興旺要靠人才。那些先進和朋友，目前都已退休，也有好幾位包括王總編輯，已經作古。大家都是在謝先生的領導和感召之下，為《新生報》的發展和臺灣社會而努力，那種敬業樂群、一團和氣的工作環境，真值得人懷念。

感戴老師的教誨

謝先生每週主持社務會議和編採會議時，會對同仁講述他對工作的要求和理想。為大家加油打氣的時候居多，絕少疾顏厲色，即使有人犯了錯誤，也是盡力包容。至於「記過」、「警告」那一類官樣文章，很少用到過。謝先生可說是以德化人，讓每個人自省自律，全力以赴，不要掉了隊；不能讓《新生報》有趕不上別人的地方。

我的工作，由文教版、省市版、要聞版主編，擔子逐漸加重。在我昇任要聞組主任以後，考取中山獎學金到美國進修，謝先生則轉任執政黨中央第四組主任、副祕書長，再出任大使，海外宣勸。

謝先生在一篇文章裡曾提到當年在《新生報》工作的學生們，「他們為《新生報》拼命努力，耗盡了心血，浪擲了青春，埋首苦幹實幹，可說是報社的無名英雄。雖然他們以後都各有傑出的成就，但報社並沒有給他們應有的報酬」。

我和史棻退休來美國之後，每年總有一次機會，到洛杉磯來拜謁謝師和師母。謝先生提起往事還說，「連你接任總編輯，還是在我離開報社以後的事」。

我對他說，我們同學們對老師惟有感激，只想努力工作不要給老師丟臉。當年我們年輕資淺，缺乏經驗，一切都要從頭學起；職位雖都不高，但我們由此學得了很多，這就是最好的報酬。

我個人受恩尤其深重。五十年前，如果我沒有在武昌收聽到那一段廣播，不知道謝師在臺北的消息，我根本就不會跑到一個離鄉萬里、舉目無親的地方。老師教導我求學之道，又給我工作的機會，引領我終身從事一椿自己喜愛的工作，內心的感念，實非語言文字所能表達。幾十年來，默誌於心，惟有以勤懇工作，忠誠待人，以報答師門的恩惠於萬一。

欣逢謝先生華誕之期，海內外同門編成文集為先生祝壽，我願追隨各位學長先進之後，祝福老師和師母，福如東海，壽比南山。

謝先生很喜歡王陽明先生的一首詩：

講習有真樂，談笑無俗流。緬懷風沂興，千載相與謀。

傳道、授業、解惑，是中國的師道，也是儒家文化的傳統。謝先生給予我們的，正是這種「真樂」吧。

然公嵩壽　永懷師恩

李　瞻

壹、認識然師

民國四十三年，政大在臺復校，創設新聞研究所，敦聘曾師虛白為所長，然師講授「比較新聞學」，成為受業，迄今已四十六年了！

翌年，增設新聞系，初由曾師兼主任，翌年即由然師接掌新聞系。

民國四十五年，本人於新聞所畢業，因績優留校任教，兼辦新聞所行政工作。當時新聞系創始，學生人數較少，專任教師僅有一人，然師乃囑本人兼辦系務。自此以後，接觸較多，對然師之為人處事，亦有較多瞭解。

以後，然師榮任我國駐中南美薩爾瓦多大使，離開政大，但始終保持聯繫，尤其在一九八〇年，本人前往紐約哥倫比亞大學訪問，回程時特別前往德州奧斯汀市，拜候然師與師母。當時原擬當日下午即飛經舊金山返臺，但然師堅持留在府上住了兩天。白天然師親自駕車導遊詹森太空中心、德州大學新聞學院、詹森圖書館與當地名勝古蹟，晚上則暢談了許多彼此關心的問題。從這次長談中，對然師又有更多的認識。以後赴美，雖未親往拜候，但每次總在電話上暢敘半小時以上。所以與然師關係，可說亦師亦友，十分珍貴。尤其然師接掌政大新聞系與在臺期間，接觸很多，有幾件事特別值得記述。

貳、囑辦《學生新聞》

民國四十五年，然師接掌政大新聞系後，當時新聞系僅有一、二年級，然師為健全新聞教育，理論與實務並重，即囑本人草擬創辦新聞系實習報紙《學生新聞》計劃，內容重點如下：

一、發行對象：全國大專院校與高級中學同學。

二、刊期版型：週刊。四開一張、四版，可增刊為兩張、八版。

三、內容：

㈠重要文教新聞、大專新聞與高中花絮新聞；

㈡詳細系統介紹各大專、院校科系，協助高中同學升學，正確選擇科系；

㈢重點刊登學術演講內容，協助同學吸收新知，擴展視野；

㈣文藝副刊，鼓勵創作，加強同學寫作能力。

四、人力編組：

㈠編輯組：由新聞所研究生姚朋、袁良、葉宗夔與施肇錫等學長負責。

㈡採訪組：由新聞系第一屆鄭貞銘、石永貴、巴山、楊北海等同學負責。

㈢經理組：由陳啟家與黃荔韶等同學負責。

五、經費預算：每期發行二、〇〇〇份，所需印刷與事務費用約為三、〇〇〇元，每月約需一二、〇〇〇元；由學校補助六、〇〇〇元，自行負擔六、〇〇〇元，由發行、廣告籌措。

六、建立採訪網與發行網：由新聞系一、二年級同學為骨幹，分別赴各大專院校，遴聘同屆優秀同學，與返母校高中遴聘優秀學弟妹為《學生新聞》駐該校通信員，負責報導該校重要新聞與花絮新聞，並負責推銷《學生新聞》。

七、發行廣告：報紙訂價每份一元，半年二十五元，全年五十元。並制訂鼓勵同學延攬廣告與推廣發行辦法，規定廣告佣金三成。

這份計劃，然師曾修正補充，經學校核可，乃於民國四十五年十月正式發行，並任本人為《學生新聞》之導師。

這份報紙，在姚朋、袁良、施肇錫等學長與大學部同學的集體努力下，版面美觀，內容充實，極受讀者歡迎。最初發行二、〇〇〇份，不到半年，即增至五、四〇〇份，同時廣告亦大量增加。記得施肇錫兄在臺中一中，一次即推銷了五四〇份，其他臺大、師大、建中、師大附中、北一女與中山女中等校，亦都在三〇〇份以上。

本人亦積極參與採訪、校對、印刷與延攬廣告的工作，記得一次曾洽妥二、三〇〇元的廣告，但未取佣金。

這份《學生新聞》，的確做到中學與大學間、大學與大學間的一座文化橋樑，也是高中同學升大學的南針；它的重要新聞，亦經常被臺北重要日報轉載，極受社會肯定。

參與這份實習報紙的同學，以後絕大多數都做了總編輯、社長、發行人與教授，這段經驗，殊足珍惜。

我擔任這份報紙的導師共計十個月，至四十六年八月一日移交陳聖士兄，共計結餘新臺幣一八、〇〇〇元。以當時的購買力，這些結餘可以購買五〇坪的獨立家屋兩棟，現值約二〇、〇〇〇、〇〇〇元。按當時政大附近的土地每坪十元，目前每坪三〇〇、〇〇〇元；而教授每月薪資為七〇〇元，目前每月一〇〇、〇〇〇元。然師對這份成績極為稱讚，認為這是一份學生實習報紙的奇蹟。

然師對政大新聞教育與早期畢業校友非常關心，每次都問到貞銘兄與永貴兄的近況，尤其對近年政大新聞教育之卓越進步與傑出校友的優異成就衷心表示欣慰。

參、推薦本人獲教育部最高學術獎

民國五十四年前，我國可說尚無新聞傳播學術的著作出版，而新聞科系的同學，根本沒有新聞學術的書籍可讀。政大新聞研究所是國內最高新聞學府，所以編纂新聞傳播學術叢書，成為新聞所最迫切的課題。

臺灣四十年代，教師待遇菲薄，缺乏圖書，根本無法從事學術研究。民國四十七年，政府成立「國家科學發展委員會」，由胡適博士主持，獎助學術研究，並可補助購買圖書與出國進修。本人幸運自該會創始，即連續多年獲得專題研究獎助，計費八年時間，完成一、四〇〇頁之《世界新聞史》。其間並獲「美國在臺教育基金會」與「亞洲協會」的獎助，前往美國、加拿大與日本著名大學進修與搜集資料。

民國五十四年完成初稿後，即送馬星野師核閱。星野師對這本新著極為稱讚，他在序文中說：

李瞻先生新著《世界新聞史》，洋洋百萬言，即將出版。此一鉅著，實為李先生數十年來埋首研究的重要收穫，亦為對新聞學術不可多見的重大貢獻。

星野師並說，他講授「世界新聞史」很多年，很想撰寫一本「世界新聞史」，但由於行政工作太忙，始終未能如願。今天看到這本新書完成，等於為他完成一項宿願。

新書出版後，敬送然師指正。然師認為內容豐富，組織嚴謹，主題正確而具創見，完全以學術著作格式寫成，是本難得的學術著作。因此主動推薦至教育部學術審議委員會，申請最高文科學術獎金與金質學術獎章。

當時教育部最高學術獎，僅有文、理、法、醫、農、工六大類，每類僅取一名，採三級三審，審查極為嚴格，寧缺勿濫。而文科又包括現在之文學院、商學院、管理學院、新聞學院與社會科學院等，範圍極廣，申請人數最多。

民國五十六年五月，教育部宣佈本人《世界新聞史》獲文科學術獎金與金質學術獎章。當時《聯合報》曾於第三版頭號十欄三行標題報導這項新聞，其他報紙亦有大篇幅刊登。因之媒體紛紛訪問，校長召見，親友祝賀，政大同仁餐會慶祝，享受極高榮譽。當時劉校長面囑本人接掌新聞系，這次得獎也是主要原因。

本人完成這部著作，完全係基於一份責任感，事前從未想申請任何學術獎或任何其他補助。所以這份意外的榮譽，完全是然師對學生的鼓勵與主動推薦的結果。沒有然師主動推薦，根本不可能享有這份榮譽。飲水思源，感念不已！

由於然師與星野師之鼓勵，本人決意終生獻身新聞教育與新聞學術工作，以後繼續完成的學術專著，計有《比較新聞學》、《比較電視制度》、《新聞道德》、《新聞採訪學》、《傳播法：判例與批評》、《誹謗與隱私權法》、《太空傳播》、《國際傳播》、《傳播政策》、《美國政府公共關係》、《政府公共關係》、《新聞學原理》與《英漢大眾傳播大辭典》（編）等。此外，邀約新聞教育界朋友，為三民、商務與黎明書局，共同編撰了四十多本大學新聞傳播學叢書，自此解決了新聞科系無書可讀的問題，亦為臺灣新聞傳播學術的研究，奠定了穩固的基礎。

肆、拯救冤案朋友

臺灣自民國三十八年至七十年代，是所謂「白色恐怖時期」，其間很多朋友，常無故被捕入獄，而成為冤案。其中新聞所朱傳譽與程之行兄，於民國六十年前後，不幸先後被捕。在軍法審判時，本人曾不顧危險設法前往旁聽。所得結論，確認兩人根本是無辜的。乃將事件真相寫成報告，分送然師、曾師與星野師核閱，並懇請三位老師設法營救。三位老師均相信本人言之屬實，都慨然應允，並分別致函調查局沈之岳局長與警總劉玉章總司令，請求慎重處理，免傷無辜。結果，兩人原判有期徒刑十二年，後改判為六年。

某日，本人因事前往臺北然師辦公室拜候，事畢，然師很鄭重的對我說：「安全單位已經對你注意，他們認為你經常為『匪諜』關說，有何目的？」

我很瞭解，這是然師對學生的愛護與對學生安全的關心，內心非常感激，並銘諸肺腑，永生難忘！

但我始終相信，冤獄是對人權的嚴重摧殘，違反人道、文明社會與民主政治的基本原則；它是為政府製造敵人，絕非長治久安之道。

民國六十八年三月一日，中美斷交，為穩定社會人心，本人應政府諮詢，特建議開放「報禁」，以保障新聞自由；開放「黨禁」與改選全部中央民意代表，以實行民主政治；廢除戒嚴令、警備總部與釋放政治犯，以保障人權；開放大陸探親，舉行兩岸政治談判，以示追求和平之決心；與系統研究美國外交政策之決定因素，邀請輿論領袖來臺訪問，藉以爭取美國之堅定支持。政府經過多方徵詢與深思熟慮後，決定於七十五年九月二十八日承認民進黨，七十六年七月十五日廢除戒嚴令，同年十一月二日開放大陸探親，七十七年元旦開放「報禁」，自此結束了所謂的「白色恐怖時代」，使臺灣成為自由民主國家，保障人權，進入文明時代。

伍、結語

然師心地寬厚，思考周密，愛護學生，提攜後進，秉性謙和，與人為善，具有中國文化之傳統美德。今屆九十高齡，福壽雙全，健康良好，古云：「仁者壽」，然師足可證矣。

歲歲年年沐師恩

荊溪人

認識恩師，早在四十五年前，在這漫長將近半個世紀中，一直溫沐在如春風舒化的師恩裡。民國三十六年，然師剛從美國學成歸來，供職中宣部擔任第一處處長，兼在政大授課。他態度溫文，談吐脫俗，深深地吸引著青年學子。當時他雖工作繁重，但從不缺課，而且授課內容豐富，旁徵博引，誘導我們一生愛上新聞工作。然師那時三十四歲，但早在抗戰期間，他已在湖北恩施受陳辭公（誠）的知遇，擔任過《新湖北日報》社長多年。

早年才識卓越　受知三位領袖

然師早年畢業於東吳大學（蘇州），旋赴日留學，返國後參加北伐工作，受陳辭公的器重；民國三十一年，三民主義青年團舉行全國代表大會於重慶，他是湖北省代表，經國先生是江西省代表，他們一見如故。正值先總統蔣公（委員長），創辦中央幹部學校於重慶復興關，經國先生堅邀然師出任主任祕書，由於擘劃周詳，見解睿智，又為先總統賞識，擢拔赴美進修。

然師先後得三位領袖青睞，但他從未在人前人後炫耀過，而且絕口不提他與三位領袖做事的經過。我當時在中央幹校讀書，因響應參加青年軍，來去匆匆，恨未早日識荊。然師三十三年赴美留學，先入明尼蘇達新研所，再入密蘇里新聞學院，獲碩士學位歸來，已抗戰勝利。然師在中宣部工作，仍一本書生本色，部長黃少谷亟為倚畀。旋大陸為中共所據，然師赴港主持《香港時報》，三十五年四月，先總統召他前往奉化，聆聽港澳宣傳工作報告後，即命然師赴臺接辦《新生報》。當時，臺灣長官陳誠亦在奉化，相約到臺灣後，為《新生報》開創新局面。

然師得到三位領袖的識拔，決非偶然，因他有三大長處：一是學識淵博，見解精闢，文藻優美；二是從來沒有為自己企求什麼；三是待人接物，有分有守，溫文爾雅，從不爭權奪利，處處讓人。

待學生如子弟　用新人創新局

民國三十八、九年間，然師引進大批青年學子，前後共有十七人之多，除了一兩位在經理部，大部都在編採部門。當時有人建議然師，重用沒有經驗的學生，是一件冒進的事，但他始終不為所動，他認為青年人有朝氣、有幹勁，事實證明了他的做法是對的。三、五年後，這些學生都成了《新生報》的中堅，為早期的《新生報》打下了一片天。

三十八年夏天，大陸變色，我們隨政大遷校廣州，政府又命令遷往重慶。我在報上知道了然師接掌《新生報》，便修書請求協助入臺。不一週，然師回函囑寄照片辦入境證。就這樣，我和未婚妻一同到了臺灣。然師立即發表我的工作，並安排我和副刊主編鳳兮（馮放民）同住一間宿舍，又安頓我未婚妻在新北投的新生報招待所。然師待學生如此深情，使我畢生難忘。

民國四十一年間，我主編第三版，沈宗琳先生編第一版，總編輯要我將一篇胡適先生在三軍球場的演講稿，整理好從第一版轉二、三、四三個版。全文長達八千字，是記者當場速記的，我必須仔細審閱，也許當時太專注，也許身體孱弱，竟當場昏倒。同仁們送我到中心診所，醒來時內子說，社長已來過了，留了一張名片給主治醫師，請他細心診治；還留了四百元新臺幣，給我療養；並囑咐醫院的一切費用，由報社支付。然師以自己薪俸的三分之一，要我多加營養，待學生如子弟，使我衷心感念。

報紙縮張擴張　嚴重打擊生機

然師在民國三十八年五月接掌《新生報》，一直到民國四十六年六月，這八年間是《新生報》成長發展的時期。因為《新生報》是接收日治時代《台灣新報》而來，而《台灣新報》是在光復前一年，臺灣的日本總督府，將全臺六家日報合併而成，所以《新生報》的資產遍及各縣市，《新生報》的發行量在二十五萬份以上，每天出版三大張到四大張，還附送一小張《軍民導報》（中日文對照），作為不識中文字的臺灣同胞過渡時期的讀物。這樣的聲勢，其他各報均無法望其項背。

到了三十九年十二月，政府在一些新聞同業的建議下，以「節約用紙」為由，命令臺灣各報一律縮減為一大張半，這對《新生報》不啻是晴天霹靂，然師在〈我對報學與報業的體驗〉一文中（刊《新聞學報》第三期），有這樣一段的敘述：

「當《新生報》業務發展到最蓬勃的時候，由於廣告篇幅太擠，曾經每天出版三大張到四大張半，因此引起若干人士的嫉妒，於是千方百計設計出一個節約用紙的縮減篇幅為一大張半的巧妙辦法，居然以皇皇法令公佈實施。當然這個辦法的目標都是針對《新生報》，逼使廣告篇幅無法繼續向前發展。這個打擊雖未立即形成為致命傷，卻是此後臺北報業均勢的轉捩點。我們全體同仁牢記這件事，猶如寒天飲冰水，點滴在心頭。

「我個人為此曾前往淡水海邊，去晉見我最敬愛的一位先生（筆者按：即為經國先生），他同我一邊散步，一邊指著浩瀚的海天，勸我要有壯闊的胸懷，不必為這件事過分激動，現在回首往事，心境已然坦然。」

誠如然師所言，縮張雖非《新生報》的致命傷，卻是當時臺北報界均勢的轉捩點。《新生報》從四大張半減為一張半，有的報紙反而從一張增為一張半，各報將《新生報》多下來的廣告，你爭我奪，市場一片混亂。有一天，社裡幾位中堅幹部，聽然師說到：「《新生報》八百員工，不能因縮張而失業，我們要同甘共苦，渡過難關。」大家聽了，不禁潸然淚下。

最豈有此理的，不到一年，政府仍在那些人的「建議」下，又增張為二大張；過了一年多，又下令擴為兩張半；到四十六年六月，正式展開了「報禁」的措施，張數限制為三大張，登記證予以凍結。《新生報》就在這一縮三增的巧妙安排下，從全國第一大報的交椅上摔了下來。事後想來，能說這不是臺灣報壇的一次惡性競爭嗎？

在然師主政的時代，《新生報》是獨立經營的，她雖有省府官股百分之九十八，但省府從不過問《新生報》的編輯政策。《新生報》的同仁，在然師領導下，也知所進退，克盡了公營報的職責。遇到政府和議員有不妥的舉措時，《新生報》的社論常作委婉建言，也從沒有引起省政當局的不快。

為報人的理念而辦報，這是多麼美好的日子呀！

扶植高雄分社　南部開創奇葩

然師於四十六年春，調我到高雄分社去服務，他交給我唯一的任務，將《新生報》南版的內容提升起來。當時南版的編輯部，零落淒涼，新聞都剪臺北報紙，全部工作人員不到二十人，編輯記者一共祇有十餘人。我在恩師的支持下，不到一年，編輯部已有八十餘人，先後約請了程之行、徐昶、王渭濱、劉體章諸兄，連同原有的精英湛先樹、康吉人、魏希正、葉燕翼、裘孔俊諸兄，將編輯部撐起來了。接著架設直收外電的微波天線，《新生報》南版不再仰賴中央社和臺北總社，又得到歐陽醇兄及石永貴兄的支援，成立臺北辦事處和採訪組，一個南部小報社，蛻變為一個全國性的新聞機構，南版也在五十一年六月正式改為《台灣新聞報》。這一段艱辛的歲月，都是然師帶著我們走過來的。

我是然師的學生，但對新聞上的一些問題，我常有食古不化的毛病。就以報社經理部一再要求分處主任和發行、廣告的主管，應給予記者名義，我堅持不答應。一直到豪老（趙君豪）主持社務，這個問題還沒有解決。記得花蓮的一位辦事處主任，是咖啡廳的老闆，他承包七家報紙，六家都給他記者的名義，祇有《新生報》南版不給。最後，然師親自南來，出席社務會議實地指導，這一問題又提了出來，請然師作仲裁。我「振振有辭」地提出了新聞記者的名位，不可隨便授予。然師笑說：「荊溪真是個『傻記者』，今天我作裁決，你不必再堅持了。」

事後，經理部作了一個營運計劃，請我率同編經兩部一級副主管，在南部七縣市中，一個個的巡迴開會督導，將發行、廣告業務搞上去。而最主要的，是外埠記者的全力配合，這一措施，打開了《新生》南版發展之門，也奠下了改為《台灣新聞報》的基礎。回想然師的裁決，是有道理的，因為當時各大報的分社業務人員，都有了記者的名義，全臺灣各報風氣所趨，我不順應潮流，《新生報》南版鐵定會窒息在南臺灣。

痛下克己功夫　不以物喜己悲

我從歐遊歸來，然師兼任中央四組主任，正好黨中央接管了《臺灣公論報》，他要我協助閻奉老（奉璋），擔任總編輯，將《公論報》辦出來，而且仍兼《新聞報》總主筆，在臺北辦公。《公論報》先由國泰機構投資，後又有臺紙、臺塑插手，一國三公，實在難辦。但在新聞上，都由我掌握，我的目的是辦一份「民營報」，摒棄一切官方色彩。四組有兩位總幹事，對我非常不滿，所以，每有與黨的利益衝突時，然師便會左右為難。當時我剛過四十歲，依然「血氣方剛」，在「日本腦炎疫苗」新聞上，給省府難堪；在「杭州南路火窟雙屍案」上，使法院下不了臺；「監委曹德宣、張九如對黨政舉措不滿」的新聞，又讓從政同志不快……。四組總幹事屢屢對我告誡，我卻置若罔聞。然師有一次在會報上對工作同志說：「就當荊溪不是我的學生，隨你們去辦吧！」事後，我去看然師，他依然很高興的接見我，他一句也不提新聞的事，卻暢談做人的道理。他說：「你敏於任事，勇於負責，嫉惡如仇，這都是記者本色，但你缺少的，是克己功夫。無論做什麼事，決不可單憑血氣之勇，要默察事實，評斷是非，將自己認為是『公正』的偏見降到最低度，多為別人設想，這就是克己的功夫。」我聽了訓誨，不啻「醍醐灌頂」，深感自己處理新聞時，往往會「一時孟浪」，然師的一席話，使我終生受用，也成為我以後從事新聞工作和新聞教育的南針。

然師在中央四組，常工作到晚上七、八點鐘，他帶了一小壺熱牛奶，作為他的晚餐。由於長年辦公的關係，他的胃部不舒服，但他都用毅力和耐力來克服它。也許由於早年的奔波，青年到中年，工作和讀書的壓力，使他的健康受損，有位名醫曾戲謂：「謝社長不要坐汽車，改踩腳踏車上下班，健康就會好起來。」事實上，他的工作和臺北街頭的環境，他怎能去踩腳踏車。

七十四、五年間，然師在美染上了「帶狀疱疹」，這是一種濾過性病毒進入神經而發作的，他在信中提到：「……疼痛時輾轉反側，終宵不眠，醫生亦謂無法根治，恐怕這一疾病要終生相纏了……。」在七十四年前，然師還自己開車，到奧斯汀去看他的故舊門生，他親自駕車到機場相接。近年來，不但疱疹頑疾無法根治，寫字作文時，手指也力不從心。但每當學生去看他時，依然笑貌迎人，和藹可親。然師克己的功夫，不但用在做事上，連做人和生病，他一樣「不以物喜，不為己悲」，真箇是古仁人之心也。

從不為自己謀　是位植樹的人

然師在事業上多為奉獻，從不為己謀。三十八年接掌《新生報》後，他立即發覺北報南銷，效果不佳，以致南部市場，都為《中華日報》南北囊括。於是向陳長官（誠）報告，主張設置高雄分社。辭公當時對他說：「你不妨就以你自己的名義，登記一個新的報社好了。」然師說：「我個人為黨國服務，不敢有營私的念頭，仍以《新生報》南部版登記好了。」當時《新生報》南版的印刷器材，是向《國聲報》轉讓來的，總價四萬元舊臺幣，也就是一元新臺幣。經過四十年的奮鬥，高雄的《新聞報》資產已在十餘億以上，而且經然師精心擘劃和同仁的努力，《新聞報》是一家很有實力的報社了。

然師一生廉潔自持，他常以「儉以養廉」來教誨我們。在《新生報》做社長，住在廈門街宿舍，與副社長李白虹、總經理顏伯勤三家住在一幢日式房屋內，共用一具電話，不以為苦。當延平南路四層新廈落成後，我和祕書幫他搬到新址去，在辦公桌的抽屜中發現一封兩年前的薪俸袋，俸給分文未動。他既不娛樂，也不上館子，總是買些好書讀讀。讀書可以說是他唯一的休閑活動。

記得我在高雄《新聞報》服務時，然師常南來指導社務，有一次他在大貝湖遊覽，我陪侍在側，下車繞湖一周。他看著湖光山色，很感慨地說：「我們將二十年的歲月，都消磨在報社裡，看著它欣欣向榮。但將來離開後，一磚片瓦都不屬你我，這就是奉獻。」

然師是一位植樹的人，他將畢生大半精力，繁榮了《新生報》，創造了《新聞報》，而所有報社的同仁，才能在這株大樹下納涼，休閑和生活。他一生的作為，以「溫良恭儉讓」來形容，是最恰當不過了。

今年值然師九十華誕，拉雜寫出一些回憶和感想，實不足以描寫然師的恩澤。遙祝恩師平安快樂！

恭賀恩師然公九秩大壽

祝振華

語云：仁者壽！

今天，恭賀　恩師謝教授然之公九秩嵩壽，才實實在在地體會到「仁者壽」的真義。然師仁心寬厚，和藹可親，是一位不折不扣的慈祥長者。從他老人家對我這一名最調皮的學生的態度來看，始終是容忍而愛護的，這是我受教恩師五十年的深切感受，所以我在拙文〈師恩重於泰山〉中，結論是：對於恩師的教誨與關照，只有一句話好說，那就是：師恩重於泰山。

從復興崗創校迄今，轉眼將近半個世紀。憶起當年入學時然師對我們的期望，似乎並未使他老人家太失望，也許這是老師唯一值得安慰的。

當年復興崗政工幹部學校的業科班新聞組，雖然硬體設備簡陋，而由於然師在學術界與新聞界的聲望，為我們請來新聞、外交與學術界的名流學者，無論是開課或專題演講，莫不特別「叫座」，新聞組的學術演講，經常吸引了其他科系大批的同學前來旁聽，如今回憶起來，依然有些興奮！尤其是外交家沈昌煥先生講「天下大勢」；馬星野先生談世界新聞；朱虛白老師教採訪學；黃天鵬教授講新聞學，都是十分精彩而實用。更有法新社老牌記者潘劭昂老師坐鎮系裡，與同學朝夕相處，耳提面命，不但替然師處理了教育行政方面的事，更是然師的替身。然師這一安排，的確是用心良苦，而收到了預期效果的。

然師當時擔任《台灣新生報》董事長。他鼓勵我們辦報。在他老人家的鼓勵與大力支持下，我們當真「辦了報」——一切都由《新生報》「火力支援」。當我們在臺北市萬華的新生報印刷廠把我們辦的《海獅報》揹在肩上、一口氣走完十五公里的夜路回到北投復興崗時，真是完全忘記了勞累，渾身只有一個「樂」字，那種快樂與成就感，也許足以比美當年王惕老看到第一張《聯合報》。

有一年，然師命我支援《新生報》的外電翻譯工作。可是，淩晨下班沒有公車回北投家中，我就打算買一輛機車代步。然師一聽，立即斬釘截鐵地說：「不要騎機車，太危險！」謹遵師命，下班後先乘報社的交通車「背道而馳」，去新店方向的報社大坪林宿舍，睡一覺再回北投。這件事使我感受到「一日為師，終身為父」的溫暖與幸福，事隔五十年之後仍然念念難忘。

另外，在拙文〈師恩重於泰山〉裡提到過的一件趣事。有一年，當時然師正擔任中央第四組（從前的中央宣傳部，今天的中央文工會）主任，有人把我在《中央日報》副刊上發表的一則笑話剪下寄給黨中央，說我「破壞兵役制度」！我正巧去看然師。主任祕書馮先生「警告」我「小心」，因為「有人告我」。

當我拜見然師談了一會話要告辭時，然師把卷宗裡的「狀子」遞給我，說：「拿回去看看，沒事。缺乏幽默感的人說不通。」

原來這則笑話是姜龍昭學長對我說的，題目是「不必發愁」。大意說，一名青年男子奉令要去服兵役。這小子膽小，怕當兵，便去求教於一位長者。長者分析道：第一步先要通過體檢。體檢會有兩個可能：如果體檢不及格，你就不必發愁；如果體檢及格，又有兩個可能：一個是派往戰鬥部隊；一個是派往後勤單位，如果派到後勤單位，那就不必發愁；如果派到戰鬥部隊，也有兩個可能：一個是派往前線作戰；另一個是在後方留守，後方留守，就不必發愁；到前方作戰，也有兩個可能：一個是負傷，一個是陣亡。負傷後送養傷，當然不必發愁；如果陣亡，那就更不必發愁了！

據我所知，至少有兩位將軍很欣賞這則笑話，他們一致認為，這類的幽默，實足以緩解士兵的情緒，有幽默感的人一定會在會心一笑之餘，把生死看透。

可是，然師說的對：「缺乏幽默感的人說不通。」

這一狀，如果不是然師「貴人搭救」的話，在當時那種某些人所說的「白色恐怖」中，的確是可大可小的「思想案子」！然師知我、愛我，也就當真「救」了我——尤其是政工人員！

然師近些年苦於背上的疱疹，由於一名西醫診斷錯誤，用藥不當，後遺症一直困擾著他老人家，這是民國八十六年（一九九七）夏天，我家祖孫三代（當時就讀加州大學的孫女祝笙和她的母親雷大夫田恩）由舊金山專程南下洛杉磯地區，去探望然師的時候才知道的，大家聽了十分難過！

然師對我們說，他是「帶病延年」。我的感受極深，因為我迄今仍在和兩度中風的後遺症「艱苦鬥爭」！

不過，當老師說他不知道能不能活到第二十一世紀時，我便再一次肯定「仁者壽」的至理，請他老人家寬心，順便也面稟了拙論，那就是：「人管健康，天管壽命」奉勸恩師只管盡人事，保持身心的健康，壽命呈請上天「卓裁」吧！

千言萬語，我這不成才的頑生，肯定然師已經是福祿壽齊全，他老人家集三個榮譽最高的頭銜，乃是大多數的人求之難得的：發行人、教授、特命全權大使。

還有一件值得一提的「大事」。民國五十四年（一九六五）秋，美國南伊利諾大學校長馬銳矢(D. W. MORRIS)博士夫婦與公子麥考應我教育部之邀訪臺，然師命我擔任他們的嚮導與翻譯。惶恐之餘，勉強達成任務，不辱師命。這次光榮的任務，竟然成為日後進入南伊大並且獲得全額研究獎學金(fellowship)的第一步，這乃是然師對我的栽培，沒齒難忘！

我敬愛的恩師！祝福您！更祝福為了照顧您而辛苦備嚐的師母大人！

永遠的新聞人

——恭祝 然師九秩華誕

葉建麗

五十年前的一個秋日——一位溫文儒雅的青年學者在北投復興崗的一間課室內，向一群青年學子解說「新聞學」。這群青年學子都是政戰學校前身政工幹部學校新聞系第一期的學生。他們入學後，經過兩次複試，才被入選進入當時在臺灣還是第一所設立的大專院校新聞系組就讀。我有幸成為這群學子中的一員。

那位青年學者就是名滿中外而今即將年屆九十的傑出新聞學者謝然之先生。當時他年僅三十八歲，但已在臺灣被譽為「新聞教育之父」。因為，他在民國三十九年應經國先生之邀，首創政戰學校新聞系外，隨後政治大學在臺復校，文化大學相繼成立，他都擔任過兩所大學的首任新聞系主任。目前在臺灣年近五十以上的新聞、外交工作者，大都是他的門生。他對臺灣新聞教育的貢獻，是無可匹比的。

謝老師出身美國密蘇里大學新聞學院，一生與新聞、文化結了不解緣，成就非凡。他一直在黨、政、新聞界擔任要職。早在二十九歲，即已出任當時華中地區發行最廣的《新湖北日報》社長。早年他是經國先生的左右手，經國先生擔任政大教育長時（大陸時期），謝老師當時是主任祕書。來臺後，他受當時擔任臺灣最高行政長官陳辭修（誠）先生之託，創辦迄仍不衰的《台灣新生報》、《台灣新聞報》。這兩家報紙分別在臺北、高雄發行，成為中外皆知的「臺灣經驗」最忠實的傳播者，不少年過半百的讀者，都能耳熟能詳的記述《台灣新生報》當年對臺灣建設的貢獻。

不單如此，謝老師當時還兼任執政黨中央副祕書長兼中四組（文工會前身）主任，主管全國文宣大責。他當時創設「新聞背景說明會」，並一手策訂「三民主義新聞政策」，主張一方面維護國家安全，一方面支持新聞自由等，迄仍成為執政黨中央的文宣主軸。

謝老師早年職責綦重，但仍醉心於新聞教育。創辦政工幹校新聞系初期，幾乎每週都到校與學生會晤，多數時間作精神講話，講述他百聽不厭的「新聞哲學」；主要論點有「新聞工作要不斷求知」、「新聞工作是靠知識堆砌而成」、「新聞人要有獨特人格，不憂、不懼；無私，無我」、「忠實的反映事實，力求客觀、公正」……。有時則陪同當時在國內名重一時的新聞人，包括蕭同茲、曾虛白、馬星野、魏景蒙、羅學濂、余夢燕等來系作專題演講，迄仍留存給我們難忘的深刻印象。

他的和藹、慈祥，最令我們感佩。他從不厲聲向學生講話，包括和他共事的部屬、伙伴。因為，他主張「新聞人以德、能服人，新聞界是不分階級的」。後來，我得幸追隨謝老師到《台灣新生報》服務，時任董事長的他，就常常勉勵同仁打破階級藩籬，「一名出色的記者勝過社長」、「記者的薪水高過社長是許可的」，就常常出自他的口中，聽得我們這些初出茅廬的小記者窩心不已。

我是在民國四十八年初進入《台灣新生報》工作的。與《台灣新生報》結緣，始於在政工幹校的學生時期，謝老師當時有一明快而有效的教學政策，就是允許幹校學生在畢業之前到報社實地見習。我就是被分發到《台灣新生報》實習的，接受當時擔任《台灣新生報》編輯主任姚朋先生、採訪主任張明女士的指導。在此之前，我是海軍總部的上尉新聞官。當時因為早被羅致進入《台灣新生報》擔任記者的同班學長徐摶九在九三砲戰中在金門料羅灣罹難，社內有意覓一同班同學入替，我被選中了。事實上，當時另一同班學長駱明哲亦進入社內服務。

記得我被入選進入《台灣新生報》擔任記者時，正值謝老師應聘前往美國密蘇里大學擔任客座教授前夕。謝老師在當時居住的廈門街宿舍內約見我，我並未進入室內，謝老師自己走出廳堂，在院內一棵高大的榕樹前和我站著談話。他只簡單的告訴我：「要好好工作。我出國一年，回來後再看你的成績。」第二天，我就接到由當時《台灣新生報》人事室專員的麟祥兄送給我的人事通知：「著聘為《台灣新生報》記者，底薪二百四十五元。」開始我往後逾四十年的新聞生涯。

在《新生報》工作了八年，從記者幹起，到採訪副主任、採訪主任，都得了謝老師的照顧。幾次重大的採訪，包括隨陳誠副總統訪越、八七水災、雷震案開庭、嚴家淦組閣等，由於新聞報導上較有正面評價，謝老師均召見嘉勉。民國五十六年臺北市改制，謝老師指令我出任臺北市政府新聞處專門委員，擔任當時高玉樹市長新聞發言人。不久後，謝老師轉任執政黨中央首席副祕書長，但他仍不忘推動新聞工作。有一天，他約我在中央黨部辦公室見面，指著一箱箱書籍及剪報資料說：「原本希望你來消化這些資料，寫一本『中華民國新聞自由史』，現在你出任市府新職，這一工作很重要。我只好另作安排了。」謝老師擔任黨、政要職，但一直用心於維護新聞自由，因為他一直主張「新聞自由是促進國家進步的主要動力，國家沒有新聞自由，也自然談不上進步。」這在當時，黨政大員有這一想法，是很前衛的。謝老師一生醉心新聞事業，之所以受人尊敬，就在於他對新聞自由的熱愛。只可惜當時我因職務調動，未參與其事，迄仍引以為憾。

謝老師後來外放擔任駐薩爾瓦多大使，是政府遷臺後，新聞人出任駐外使節的第一人。卸任後他原本要回國擔任另一新聞要職，但不幸在途經紐約時，在旅邸沐浴時滑倒傷腿，療養了好一陣子，以致誤了老總統蔣公逝世回國奔喪的機會。外界當時曾誣指他如何如何，繪聲繪形，後來均證明為子虛烏有。謝老師也從不辯解，在淡出臺北政壇後，一度在美擔任德州奧斯汀大學教授，繼續推廣他的新聞教育，一直到退休。近年移居洛杉磯橙縣，與師母住在一處稱為「悠閒世界」的環境清幽住所靜度晚年。雖一度罹患眼疾，且神經疼痛，但無礙於日常生活，年登耄耋，仍勤讀不輟，甚至故舊門生的書信，都由他親自執筆回覆，筆力不弱。

謝老師退休以後，仍熱中於獎掖、提攜後進。每年新正，在臺北由吳祖蔭兄代為寄發的賀年卡，都有他的親筆祝勉。對《新生》、《新聞》兩報的發展，尤為關注。我出任《台灣新聞報》社長不久，時任執政黨中央文工會主任的宋楚瑜先生鑒於《新聞報》業績不惡，已成當時南臺報業重鎮，有意改制為民營，以增強其發展潛力，著我策訂計劃向中央簡報。謝老師聞悉後，特別著人在舊檔案中找出當年蔣總裁批准《台灣新生報》可改制民營的珍貴文件，作為我簽報的最重要佐證，終獲中央首肯。只是此事後因中央人事更迭而作罷，但謝老師這份關注之情，一直烙印在我的心中。

後來我兼掌《台灣新生報》時，由於該報業務中挫，虧損不渺，我親撰「白皮書」，昭告同仁奮起，並尋求有關奧援。謝老師關注，每在我赴美公幹趨候時，他都殷殷垂詢，在拙著《新聞歲月四十年》一書作序時，特別指出這一點，對社務表達出無比的關切，使我深受感動。

謝老師對黨、國之熱愛，也可從另一事上見真情。記得有一年，我到洛杉磯開會，謝老師急著找我，原來當時在美國一家僑報有意易手，輾轉求助於他，由於該僑報言論一向反對國府，謝老師基於愛黨愛國之情，認為若能由一報業加以收購，改變其言論傾向，未嘗不是好事。於是想到我當時經營的《台灣新聞報》業績良好，也有收購能力，問我意向如何？我當即回報此事涉及政策，宜由中央高層決定。謝老師乃立即安排當時旅居洛城，時任總統府祕書長李元簇先生之岳父徐世賢老先生出面協調。徐老先生已年高九十，曾任中央法務部次長，他與該僑報負責人相熟，又是謝老師浙江餘姚同鄉，於是約了我與該僑報負責人共三人在他洛城寓所親自設讌相談，後來此事雖未達成，但謝老師一片心向黨國，及對新聞事業相扶持之執著之心，令人欽敬不已。

謝老師一生謙沖，在他八十歲生日那年，我和彭歌、永貴、貞銘諸兄，有意邀請他回國訪問，一方面為他祝壽，一方面籌辦「謝然之先生創業六十年慶祝」，但為謝老師所婉謝。在此之前，位於瑞士洛桑的世界道德重整協會總部亦有意邀請謝老師前往訪問，頒給他對新聞工作的傑出成就獎，由於謝老師曾任世界道德重整協會中國分會理事長，在這一國際組織中享有極高的聲譽，但謝老師幾經考量，還是婉謝了。他的處理態度是「太打擾了，不好意思。」

謙和、博學、樂於助人，這些新聞人所應具的美德，已在謝老師身上，一一體現。他是「永遠的新聞人」。值茲謝老師九秩華誕之期，謹以無比虔敬之心，恭祝這位永遠的新聞人健康、快樂、幸福、美滿。

謝老師然之影響我半生

何貽謀

西元二千年，欣逢謝老師九秩華誕，同學多人，發起以文作成專輯慶壽。這是一個極好的構想，因為這個禮品有錢也買不到，而謝老師之所以為人師表，學生之所以懷德感恩，也可以在這本祝嘏的專輯裡，作最誠摯的詮釋和表達。

我最初有幸認識謝老師，是在一九四六年秋，到其時已自戰時的重慶小溫泉遷回南京紅紙廊、並將原來叫做中央政治學校的名稱改為國立政治大學的母校復學。因為抗戰期間，我自新聞系十三期第二學年起休學兩年，到滇越邊區去做了些抗敵的工作。不像同期同學後來響應從軍，得到在軍中一年就等於在校一年的優待。因此，我復學後仍從二年級讀起，是為新聞系的第十五期。就在那一年，謝老師授我們採訪寫作課，才得與謝老師有師生之緣。一九四八年至四九年之間，國共打打談談，學校一度自南京遷去杭州，一度又自杭州遷回南京，然後又再遷至廣州。在這期間課不能正常的上，我與謝老師之間，也僅止於師生之緣而已。

一九四九年夏，學校在廣州面臨要遷臺灣或是再回重慶的抉擇，大學部十五期那時也面臨畢業的問題，課既未上，何從考試，由是業未畢而自畢。學校則在大多數決下，遷回重慶。我因其時已有妻小在臺，由是是年七月，自廣州來到臺灣。

那時臺灣有兩大報，一是《新生報》，社長即是謝然之老師；另一報是在當年二月才在臺北復刊的《中央日報》，社長是馬老師星野。由於我最早進中央政治學校就讀新聞專修科第二期的時候馬老師就是科主任，到南京復學的時候馬老師又是系主任，我比較熟識；兼之《中央日報》又多的是政大新聞科系的學長，由是我先去看馬老師並求職，承他一口答應，解決了我的工作問題。然後我再去看謝老師，純粹是禮貌性的問候。他樂意知道我工作已有著落，祇是不放心其時還留在大陸的同班同學，我則就我所知道的加以報告。後來知道他先後進用在《新生報》的同班同學，有姚朋、張邦良、彭承斌、葉宗夔、尹直徽、方大川、馮小民、袁良、徐士芬、陸孝武等人。以老大的《新生報》而言，即使是處於非常時期，能容許同一班學生十餘人進入任用，不僅顯示謝老師對學生的愛護，也展現他恢宏的氣魄。

我在一九五八年留美之前，曾向謝老師辭行。並說此去明尼蘇達州立大學，是受他曾留學該校的影響，但我進修的目標是電視，而不是一般的新聞學課目。如果明大不能適合我的需要，則我可能轉校。他認為我能預先建立研究目標，再努力去貫徹這個目標是對的。臺灣遲早會有電視，能先一步去學習並學以致用，正符合出國進修的鵠的。

我去美以後，每有異動，均寫信給謝老師報告並請求指引。一九六〇年四月，其時我白天在紐約《美洲日報》工作，晚間在哥倫比亞大學選讀，忽接謝老師自南伊大來信，要借五個鉛字。五個什麼鉛字，多大的鉛字，我已遺忘。在信中，謝老師還告訴我國內辦電視勢在必行，如果我願意早日返國參贊擘劃，他可以向負責籌劃的魏景蒙先生力薦。我在復信中答覆謝老師，如果主其事者能給我適當職位，並歡迎我早日回國參加的話，我可以在秋季即返國，否則我即將去西拉庫斯大學修廣電碩士學位。五月中，謝老師來信，告我已函曾虛白和魏景蒙兩位推介。但此後不知何故，未見下文，於是九月我去了西拉庫斯大學，於次年八月完成學業。

我在回到紐約後，一方面再回《美洲日報》工作，一方面等候船期返國。就在這時，謝老師從臺北來信，說臺視籌備處處長周天翔日前曾專程到中央黨部去看他，希望能幫他推薦一位適任的節目部主任。周原來屬意時任中廣公司的節目部主任邱楠，但邱要求以副總經理職位兼任，周未能答允。謝老師說如果我能考慮接受，可即逕與周函洽。我當然樂意接受，終於在一九六一年年底自紐約飛返臺北，向臺視應聘報到。截至一九八六年為止，我在臺視服務了近二十五年。職務雖最高祇到副總，但掌節目部長達十七年。總算為國家的電視事業，作了個披荊斬棘的先鋒。

此外，為推廣電視教育，一九六二年的上半年，時兼政工幹校新聞系主任的謝老師，又聘我為該校的兼任副教授，開了一門電視課。次年中國文化大學請謝老師創設新聞系，謝老師又命我去講課。祇因當時臺視開播伊始，責任繁重，教課祇能點到為止。直到一九八六年我自臺視退休以後，才應文大新聞系主任鄭貞銘兄之介，應聘為該校專任副教授，同時又先後在輔大與藝專兼課，課目多與電視有關。

一九七〇年，謝老師奉命駐節薩爾瓦多。臨行之前，我曾與內子去天母看望謝老師，送出版家老友丁星五先生贈我之清明上河圖捲軸複本一幅，以為紀念。謝老師卸任後居美，我雖多次赴美，但因公務，疏於前往問安。直至一九九二年七月七日，謝老師遷居南加州，我及內子才得機會在戴豪興兄帶領之下，與湛先樹兄夫婦，以及王之南兄前往問候，並承謝老師及師母以午餐款待。

最近一次晉謁謝老師及師母，是在一九九五年八月二十四日，由豪興兄夫婦陪同我及內子前往，又叨擾謝老師及師母饗以午餐。此次我是因應民視之邀，以總經理名義籌設該臺向謝老師請益，因該臺具民進黨背景，如何因應周全，頗費思量。謝老師語我應以友人視之，祇要該臺之設係為國為民，即可和衷共濟、融洽相處。所惜者事與願違，我終於在次年告老歸隱，有負老師厚望。

我今年已七十有六。祇因謝老師與周天翔一席話，使我在三十八歲以後的後半生，從平面的印刷媒體，走入接近立體的電子媒體。但基本上我至今仍以新聞人的抱負和作為自命。我衷心期望十年以後，還能以八十六歲的高齡，有幸與諸同學再為謝老師的百齡稱觴。

回憶謝大使在薩爾瓦多

王之南

一、大使是最後的頭銜

謝公然之先生，一生從事新聞事業與新聞教育。他曾三次辦報，為民喉舌，一次是擔任《新湖北日報》社長，一次是擔任《台灣新生報》社長，還有一次是擔任高雄《新聞報》社長。這三次辦報，他都幹得有聲有色，聲譽極高。此外，他來臺後首創政工幹校新聞系，復任國立政治大學新聞系教授兼系主任，並創立文化學院新聞系，為國培育新聞人才。一九六一年，他轉任中央黨部第四組主任，嗣後升任中央黨部副祕書長。一九七〇年，他奉派為駐薩爾瓦多大使，對促進中、薩邦交，極有貢獻，令人讚佩。

過去，謝公擁有的頭銜，是社長、教授、主任、副祕書長等不同名稱。現在，大使是他的最後一個頭銜。我們看見他時，都習慣地稱呼他大使了。

二、出使薩爾瓦多五年

謝大使是一九七〇年十月至一九七五年二月擔任駐薩爾瓦多大使職務，有一年多是在桑傑士總統執政時期，三年多是在莫里納總統時代。這一段時間，我國正是面臨如何維護聯合國席位，防阻各國趕搭中共巴士的艱難時刻。在薩國方面，也恰逢發生薩、宏兩國五天「足球戰爭」以後，薩國社會動盪不安，經濟日益衰退的時期。謝大使恰在此時出使薩國，可說肩負艱巨使命，面臨重重困難。那時，駐薩大使館公費不多，館員很少，但是由於他學貫中西，才智雙全，有誠樸、謙虛的親和力，又有苦幹實幹的精神，很瞭解當地政情與僑情，並能拉攏接近薩國政要與僑胞，開展各方面工作，故我國雖於一九七一年退出聯合國，後來並有不少國家承認中共，我國在國際事務上遭遇一股逆流，但是中、薩兩國邦交仍能極為穩固。

⑴出使前一年發生薩、宏「足球戰爭」

中美洲七國，除伯尼斯(BELIZE)外，薩爾瓦多是一個地小人多的國家，人口密度最大，人民很難擁有土地，容易引起社會動亂不安與衝突。從一九四〇年代開始，非法進入北邊鄰國宏都拉斯境內居住的薩爾瓦多人，約有三十萬人。

此外，薩國比較工業化，產品大多傾銷宏國，加上宏國人民自己也不斷要求政府革新，實行土地改革，因此宏、薩兩國人民積怨日深，終於一九六九年，一場足球賽引發了五天戰爭，死了五千多人。後來在美洲國家組織(OAS)調停下，才兩國停火。

這場戰爭已使薩國失去了鄰國一大市場，並使宏國採取更嚴峻措施，遣返那些非法入境的薩爾瓦多人。

(2)經歷過「莫里納時期」

有人說：一九七二年是薩國政治的破裂點(BREAKING POINT)。這一年薩國大選，保守的國家協和黨(PCN, NATIONAL CONCILIATION PARTY)在軍事強人莫里納上校領導下，擊敗了薩京市長杜阿特(NAPOLEOŃ DUARTE)領導的國家反對派聯盟(UNO, THE NATIONAL OPPOSITION UNION)。但是，反對派聯盟領袖杜阿特不認輸，指責這是選舉大舞弊，掀起了一場罷工、罷課的大風潮。結果軍方派兵鎮壓，杜阿特等反對派人士逃亡海外，工會被接管，國立大學被關閉兩年，教會也遭波及。此後五年都由軍事強人莫里納總統執政，有人稱之為薩國歷史上的「莫里納時期」(THE MOLINA PERIOD, 1972–77)。

謝大使有三年多是與當時軍事強人莫里納總統交往，盡力促進中、薩兩國友誼，加強兩國友好合作，可說他是一位經歷過「莫里納時期」的外交使節。在他離任時，莫里納總統曾隆重舉行贈勛典禮，以示對華友誼。

⑶輸出臺灣土地改革經驗

中、薩兩國一向重視農技合作，我國派有一個農技團在薩國工作，指導薩國人民種植水稻與棉花等農作物。團長是農業專家吳恪元先生。

鑒於薩爾瓦多亟須土地改革，謝大使曾盡力向薩國政府推介臺灣土地改革的經驗。因為臺灣當年在陳誠行政院長任內開始推行土地改革，實行三七五減租、公地放領、耕者有其田三階段的土地改革計劃時，謝公正主持《台灣新生報》，負責宣揚政府政策，對臺灣土地改革經過，瞭如指掌。這使他在與薩方商討土地改革問題時，極有說服力。

後來在一九八〇年初，有一位美國土地問題專家普洛斯特曼教授（ROY PROSTERMAN，美國華盛頓大學教授），應邀在薩國參加研討土改問題，也曾力主薩國土地改革學臺灣。他指出臺灣、日本、南韓土地改革成功的實例，認為這是創造經濟奇蹟，對抗共產主義蔓延的有效武器。可見臺灣土地改革的經驗，的確值得薩國借鑑。

⑷王永慶兩次赴薩考察投資

中美洲各國都歡迎外國投資，尤其薩爾瓦多更是對外宣稱可以提供若干優惠，歡迎外商前往投資設廠。

我國工業巨子臺塑董事長王永慶先生，曾兩次應邀赴薩考察投資。第一次是一九七〇年，謝大使抵薩履新後不久，王董事長偕夫人飛抵薩京考察，親自瞭解薩國投資環境。第二次是一九七二年，薩國舉行大選後，軍事強人莫里納擔任總統，王董事長又再度應邀赴薩考察投資，仍由謝大使及薩方經貿官員接待陪同，看了薩國幾處認為尚可適合投資設廠的地區。

那時，王董事長在波多黎各原已設有一所塑膠廠。為求擴展其海外事業，很想利用薩國勞工容易找，工資低，產品價廉，在國際市場上有競爭力的優點，另外在薩爾瓦多設立一所塑膠廠，祇可惜經過兩次實地考察，並與薩方多次商討後，仍然由於條件不足，未能達成願望，後來轉向美國德州沿海地區投資設廠。

(5)中、薩兩國政要互訪頻繁

謝大使出使薩國期間，中、薩兩國政要互訪頻繁，這對加強兩國友好合作，增進兩國關係，極有裨益。

關於我國政要訪薩方面，一九七三年，世盟理事長谷正綱先生應邀訪問薩國。他曾會晤薩國若干政黨領袖與社會賢達，和他們商討如何加強各地愛好民主自由人士的團結與合作，並就國際一般局勢交換意見。

一九七四年，我國有三位重要首長先後率團訪問薩國。

最先，我國嚴副總統家淦先生，偕同外交部政務次長楊西崑等高級官員十餘人訪問薩國，薩方曾以隆重軍禮歡迎。在訪問期間，嚴副總統伉儷與隨行人員，由薩國副總統與外交部長，以及謝大使伉儷陪同，參觀薩國各種設施，對薩國工業建設，農業發展，及土地改革等方面，都獲有深刻印象。嚴副總統與薩國莫里納總統互贈勳章，簽署聯合聲明，重申中、薩兩國決心繼續加強友好合作，增進兩國友誼。

同一年，還有教育部長蔣彥士博士及參謀總長賴名湯將軍分別率團訪問薩國，致力加強中、薩兩國在文化教育與軍事方面的聯繫與合作。

至於薩國政要訪華方面，一九七二年薩國大選，莫里納當選總統後，即已接受我國邀請訪華。謝大使曾先行回國，向蔣總統報告有關接待事宜，蔣總統已準備熱烈歡迎莫里納總統赴華訪問。詎知不久正當莫里納總統準備登機啟程時，薩國突然發生政變，他不得不留下鎮壓叛亂，故訪華之計劃，未能成行。

不過在那一年，薩國外交部長與經濟部長，都曾先後應邀率團訪華。

翌年，薩國國防部長羅麥若將軍（GEN, CARLOS HUMBERTO ROMERO，一九七七年接替莫里納為薩國總統）也曾應邀來華訪問。

此外，薩國軍校校長也曾應邀訪華。

(6)中美洲六國華僑懇親大會在薩舉行

在僑務方面，高信委員長偕夫人於一九七二年來薩訪問，慰問僑胞，情誼懇切。不久，中美洲六國華僑懇親大會，一九七三年輪流在薩京舉行，僑委會毛松年委員長專程蒞臨大會致賀，謝大使伉儷曾熱烈歡迎。大會到有旅居瓜地馬拉、宏都拉斯、薩爾瓦多、尼加拉瓜、哥斯達黎加、巴拿馬等六國僑界代表三百多人，其中包括著名僑領關擇端、盧湛濤、陳奉天、鄭冠英、關有詒、關少堅、陳新榮、余偉、呂華昌等人。在三天會期內，大家歡聚一堂，開會議事，策劃會務，並安排有餐敘聯誼，參觀訪問等節目，以求加強僑胞對祖國的熱心關懷，激發僑胞的愛國心，凝聚僑胞的救國力量。這也可說是謝大使出使薩國期間的一件大事。

三、我見、我聞、我敬佩

最後，我想在此說明：在謝大使擔任駐薩爾瓦多大使期間，我雖無機緣追隨他在大使館服務，但是我曾在靠近薩國的北邊鄰國宏都拉斯工作過四年，由於薩、宏兩國毗鄰，關係密切，人民時有往來，加上謝大使的副手周君參事，是我的高考同年年兄，我見、我聞、我敬佩謝大使的事很多，拙筆難以盡述，僅能在此略述一二，如有錯誤之處，尚請謝大使與各位讀者先生特別原諒。

為謝公然之先生九秩華誕祝壽文

程建人

謝公然之先生自民國六十四年一月三十日卸下我國駐薩爾瓦多大使職務後，這些年來國人甚少聽聞到他的消息，本人也僅是知道他退休後，與夫人寄居美國，享兒孫繞膝之歡。由於近日諸多國內新聞文化界碩彥正聯合發起慶賀謝先生九秩嵩壽，擬出版祝壽文集，囑本人亦能為文共襄盛舉，本人欣然從命。

謝先生是浙江餘姚人，生於民國二年。早歲負笈美國，先後畢業於美國密蘇里新聞學院及明尼蘇達新聞學院，獲得兩個碩士學位。抗戰期間，他學成返國，遂即投身報界，擔任《新湖北日報》社長。政府遷臺後，擔任《新生報》社長。爾後，謝公深受黨國器重，先後出任中國國民黨中央黨部第四組（國民黨文化工作會之前身）主任及中央委員會副祕書長等職，專事負責新聞文化宣傳工作。民國五十九年九月，謝公被政府發表出任我國駐薩爾瓦多全權大使，在使薩的四年多期間，他以優異的表現，為中薩兩國間長期友好外交關係尊定了極其穩固的基石，可謂功勳卓著。

儘管謝先生在黨政外交工作之成就斐然，但最讓人感念的事蹟，應該算是他過去致力於國內新聞傳播教育的紮根發軔工作。他以其在美國著名新聞學院所學之新聞專業知識結合他在黨政工作上之實務經驗，充分發揮他經世淑人之風範。在臺灣，早期所有大專院校新聞學系，幾乎都是由他一手所建立：他協助政大校長陳大齊，恢復政大新聞系；協助師範學院院長——師大前身——劉真創辦師範大學社教系的新聞組；協助政工幹校校長——政治作戰學校前身——王昇，成立幹校新聞系；最後他復協助中國文化大學董事長張其昀創辦文化大學新聞系。可以說，現在的新聞界工作者，無不直接或間接為其門下學生，誠然桃李滿天下。記得我本人當年就讀於政大外交系時，謝公正擔任政大新聞系系主任，可惜本人當時並未直接受教於他，但對他的豐碩學養，至為景仰。

綜觀謝公，一代鴻儒志士，為人忠誠耿直，慷慨熱情，一生為國家社會建樹良多，貢獻卓越，功業崇隆。今逢先生九秩嵩壽之辰，謹以真誠虔敬之心，衷心祝賀。並頌先生詩句如下：

(一)

謝公夫子號然之，世出江南望族支；

自幼聰明勤學術，長時事業盛名馳。
新聞報界稱耆宿，外交功臣展鴻儀；
為國為民多貢獻，風華蓋世美朝曦。

㈡

耆年九秩勝松槐，健碩寧馨笑靨開；
四域嘉賓呈桂酌，程門學子獻玫瑰。
蓬萊慶壽淳酣醉，瑞氣延年錦繡斐；
此日歡情長記憶，相期百歲約重來。

並祝

福如東海
壽比南山

現代臺灣新聞事業與新聞教育創造者

石永貴

二十世紀，可謂中國全面向歐美學習之世紀。所學何事？思想與制度也。思想與制度，如今蔚為大成。為我們熟知的，有：學校、議會、圖書館與報館，用以開啟民智，拓展民知。

致力於思想與制度推動者，有理論家與實踐家。吾師謝然之先生，乃集新聞教育與新聞事業於一身，且將理論付諸實踐成功者。

謝師然之先生以在抗戰期間，協助陳誠先生主持湖北新政，創辦《新湖北日報》，而使辭修先生政聲遠播，其後，謝師即與抗戰宣傳事業不可分，由於國內外宣傳成功，與董顯光、曾虛白、馬星野、葉公超先生等，成就了我國抗戰。

然之師亦如馬星野先生，受教於美國密蘇里新聞學院，也一如馬先生，學然後知不足。馬先生原在密蘇里新聞學院畢業，再接再厲，一九三四年申請哥倫比亞大學新聞研究所以及哈佛大學，但由於母校電召，即行返國服務。然之師完成密蘇里新聞學院嚴格的新聞實務教育，追隨名師，再前往美國明尼蘇達大學新聞學院，接受高深的新聞傳播理論教育，成為實務與理論集於一身的新聞事業家與新聞學者。

然之師的報業使命，啟自民國三十八年政府在風雨飄搖中播遷臺灣，謝師奉命來臺，主持殘破不堪的《台灣新生報》，其後並在臺灣陸續創設新聞學系，如政工幹校新聞學系、師大新聞組、文化大學新聞學系以及擔任政大新聞學系主任。謝師對於臺灣報業以及新聞教育的貢獻，為臺灣第一位，在世界以及在中國，亦少有先例。

謝師對於臺灣報業以及新聞教育的貢獻，有以下幾方面：

第一、謝師把臺灣報業從廢墟中復興起來。謝師接掌《台灣新生報》之前，臺灣無報業，《台灣新生報》之後，乃有《中央日報》、《聯合報》、《中國時報》……，臺灣報業長城，謝師是創始者。

第二、謝師以報人精神經營《台灣新生報》，也以新聞教育家的精神，起用新聞專才。《台灣新生報》復興之根基，就是靠謝師在南京時期所教出的政大新聞系學生為班底，打造出來的。

第三、謝師視學生如子弟培養與愛護。就以政大新聞系學生而言，謝師當時事業正隆，幾乎新聞事業、新聞教育與政黨宣傳集於一身。但非常關心學生，也待學生如子弟，親如家人。記得我們班上同學李長堅兄，畢業後先往澳洲留學，後仍嚮往美國教育，乃從澳洲留學地寫信給臺北的謝師，接到信函，謝師即刻寫推薦函，長堅得以順利轉赴美國深造，如今成為著名的圖書館學者，數十年來，長堅念念不忘當年謝師那封很有份量的推薦信。

第四、提倡社會責任論。謝師主持中央第四組執政黨文宣工作，當時仍在戒嚴時期。謝師雖以經營《新生報》成功，而得最高當局之賞識，但卻以社會責任推動新聞事業之健全發展，不只是擺脫專制之模式，亦避免重蹈西方新聞自由濫用之覆轍。

第五、創辦《台灣新聞報》。謝師在臺北主持《台灣新生報》成功並不滿足，而基於南北平衡、新聞及時以及地方之需要，乃在高雄創設《台灣新生報》南部版，並在民國五十一年六月，正式改制為一家公司兩報獨立經營之報紙，這是謝師之遠見，也成為本省地方報業之先河。

永貴有幸成為政大新聞系在臺復校後第一屆學生，由於在校服務新聞學會，擔任會長以及參與謝師所創辦比照密蘇里人報的「學生新聞」編採暨業務關係，就學期間，很幸運地，就承擔同學與謝師間連繫之橋樑，更體會謝師平易近人與關心學生無微不至的學人風範。永貴幾個學習階段，均承謝師賜愛，如大學畢業時，謝師即命我加入《新生報》；研究所畢業，《台灣新聞報》在臺北成立採訪機構，即命我承擔臺北要聞採訪之責；我往美國明尼蘇達大學新聞暨傳播學院就讀，亦是謝師向尼克森教授推薦而成功。尼克森教授(Raymond B. Nixon)為國際傳播權威學者，吉拉德教授(J. Edward Gerald)為新聞法泰斗，與謝師關係亦師亦友。他們均以謝師之成就為榮，愛屋及烏，吾中國學生，亦得到特別眷顧。

一日為師，終身為父。吾等能在新聞事業服務崗位如有微少地位與成就，全是謝師所賜。近年來謝師與師母定居洛杉磯，我每次赴美，總是與內人及兒女拜謁謝師。謝師與師母，親切接待，辭別時，謝師移駕送行，車至遠處，尚不忍返府，此情此景，久久不能自安。謝師離臺退休多年，但故國之情，念念不忘。

謝師九十大壽在望，但謝師無精神壓力，師弟妹各有所成，頤養天年，精神與體力尤勝於往昔。現代人類壽命，已邁向一百三十五歲，我們以此為標準，祝福謝師延年益壽，吾人精神得有指標。

亦師亦友

——敬祝然師九秩大壽

李子堅

一九六〇年，我在美國南伊利諾大學讀新聞，然之先生應朗豪華先生的邀請，到南伊大新聞系作訪問教授，得幸選修到他所開的比較新聞課程。學校所在的卡城是一個小城，沒有多少去處，課餘週末，人與人之間的接觸至為頻繁，雖然只有短短兩個學期，卻與然師夫婦有很多的聚首，深感他倆夫婦熱情親切，無拘無束，跟同學們相處得非常密切融洽，至今四十年始終音訊不斷，實為難得。

早在一九五三年（民國四十二年），當時然師仍是《台灣新生報》社長，我從預備軍官第一期結訓，通過了就業考試，曾被分發到《新生報》工作，可是被派到人事室辦事，我沒有接受，因為我的志趣是在採訪，而且已在《自立晚報》有過三年以上的採訪經驗。這使我失去在《新生報》工作的機緣。沒想到姚朋兄於一九六八年邀我為《新生報》寫稿，並給予《新生報》紐約特派員的名義，當時的社長已是王民先生，還是錯過了在然師社長任內為他工作的機會。

承他不棄，然師一直對我和馬莉及孩子們非常關切。他知道我進入《紐約時報》編輯部工作以後，十分高興，他來紐約數次相聚時，都鼓勵我要繼續進修，我記得他說：「不管你工作多麼辛苦，一定要抽出時間來繼續選修課程，你會不知不覺地修滿學分，而取得學位。」他說，學位是非常重要的。

果然不錯，我於一九六九年在紐約大學取得美國文化碩士學位後，對我在《紐約時報》陞遷新聞組合編輯有很大的幫助。組合編輯主任，曾以我修課成績優異，推薦我參加實習編輯的訓練兩個暑假，奠定日後晉級編輯的機會與基礎。

我在《紐約時報》工作得非常吃力，上班的班次時間，變動不定，幾乎沒有精力時間去選課讀書，如果不是然師一再叮嚀推動，我不會自動地去做，這是我要對然師感激不盡之處。

然師仍鼓勵我繼續修讀博士學位，他曾對我表示，有意邀我加入文化大學新聞系執教，但是我的性格並不適合教書，而且也實在沒有餘力進取博士學位，辜負了他的好意。

一生中遇到了然師和另一位臺大法律系教授姚淇清先生，兩位都是「亦師亦友」，我們在交往的關係上，不僅止於師生，實在也如同友人。可惜，淇清先生已經作古，我已不再能聽到他爽朗的笑聲和親切的對談。如今我要更珍惜然師的情誼，適逢然師九秩大慶，謹此恭祝他福壽雙全，我更希望多多與他通話通訊，多多聽取他的教言。

大德者必大壽

——恭祝恩公　謝然之鄉賢九秩華誕

徐仲毅

欣逢恩公　謝然之鄉賢九十大慶，敬拜嵩壽，恭祝壽比南山，福如東海。

古人常言：大德者必大壽，所謂德自涵蓋對國家、社會的貢獻。恩公一生忠愛黨國，為人極正，歷任要職，是享譽國際的資深名報人、新聞學者，甚受兩位　蔣總統之器重，時向諮詢，功在黨國、社會。

恩公於一九一三年（民國二年）六月二十五日生於浙江省餘姚縣的書香門第，曾先後至美國密蘇里大學新聞學院和明尼蘇達大學深造。青年時期即追隨前故副總統陳誠（辭修）先生；民國二十四年，恩公赴日本東京中央大學研究部進修，及至民國二十六年，日寇侵華，發生中日戰爭，八一三上海事變，陳前故副總統時任第十五集團軍總司令，指揮上海全面作戰，即電召正在餘姚故鄉渡暑假的恩公參加抗日工作，恩公奉召，連夜趕赴江蘇崑山前線總部報到，負責撰寫文獻，號召全面抗日。

民國二十七年，國民黨於武昌珞珈山召開臨全大會，決議成立三民主義青年團，由　蔣總裁親兼團長，請陳辭公擔任書記長，於是辭修先生請恩公立即起草團章等文件，恩公日夜趕工，加速完成，三民主義青年團即於是年七月七日在武昌正式成立。

陳辭公於民國二十九年出任第六戰區司令長官，並兼湖北省政府主席，又請恩公在湖北恩施創辦《新湖北日報》，對抗日工作及地方建設之宣揚，提振民心士氣，發揮了無比力量，貢獻了文獻功能宏大效能。

抗戰勝利，恩公在南京中宣部任要職，至民國三十八年，國共內戰逆轉，徐蚌會戰結束，恩公銜命自南京赴香港，任中宣部代表，部署海外宣傳事宜，不久又奉電召，赴奉化溪口向　總裁述職，時陳辭公已任臺灣省政府主席，亦至溪口晉謁　蔣公，於是與恩公談論時局，並邀於翌日同飛臺北，出任《台灣新生報》社長，乃於五月一日正式接事，其時《新生報》正處殘破艱困之中，憑恩公淵博學識，專業理念，以及個人崇隆資望，精心擘劃，奇蹟式的開創了《新生報》傲視新聞界新局，居於領袖群倫地位，成為全國第一大報，且揚譽國際，對復國建國大業，以及臺灣經濟、文化等各項建設，貢獻良多，影響深遠，真正做到文宣報國。恩公為《新生報》完成很多軟硬體建設，無論人才、設備都是第一流的，在他手中創設了高雄分社，發行《新生報》南部版，後更名為《台灣新聞報》，成為南臺灣的第一大報。

民國五十年恩公升任《新生》、《新聞》兩報總社長，五十二年復升任新生報業公司董事長，並又兼任中央黨部第四組主任主管新聞、文化業務，後復升任為副祕書長，至調任為駐薩爾瓦多大使時，才辭卸新生報業公司董事長。在駐薩大使任滿後，始赴美繼續學術研究和教授工作。《新生報》的榮耀基業，自恩公離任後，一直轉趨弱勢，尤其精省後，將改制為民營，為此恩公早在三十多年前即有此前瞻遠矚，認為報紙發展趨勢，必走向民營化，政府辦報，已不合時代潮流，應以自由報業理念經營，擺脫官衙束縛，方能維護新聞自由，克盡社會責任，所以當時與時任中央四組主任陶希聖先生聯名簽呈　總裁，坦陳官報之弊，要求將《新生報》改為民營，並提出具體辦法之建議，當蒙　總裁批示「照准」，惜公文發交臺灣省政府周至柔主席，因個人偏見，竟成泡影，如今恩公回顧當年，不勝慨嘆！但認為《新生報》改為民營或有轉機，但須從頭做起，非常艱辛，因恩公對《新生》、《新聞》兩報懷有深刻濃厚的感情，如今面臨弱勢，至感關切，亦感悲憤、痛惜。

恩公對於新聞教育，培育新聞人才十分重視，曾受　總統指示，先後於國立政治大學在臺恢復新聞系，及在政治作戰學校創辦了新聞系，均兼任系主任，造就很多「新聞人」，在臺灣第二代的「報人」，和「新聞學者」中，如姚朋先生、石永貴先生、葉建麗先生、鄭貞銘先生，李瞻先生等都是恩公的得意門生。民國八十四年是政治大學六十週年慶，恩公特撰〈政大新聞教育在臺復興之回憶〉一文，刊於《傳記文學》月刊三九六期。恩公本擬應邀來臺參與盛會，後因年高醫囑不宜遠行作罷，故舊、門生均感惋惜。

由於對黨國之熱愛，對國事時深關懷，尤其現在國內享有新聞言論的自由，與過去大不相同，恩公頗感欣慰，認為值得鼓勵，對時局的看法，常由口舌多是非，演變政局動盪，非國家民族之福，慨嘆老成凋謝，國是日非，希望繼起有人，共謀兩岸之安定，因為臺局穩定最為重要，否則為敵人製造機會，不堪設想。此乃恩公諤諤之忠言。

我一生受恩公之恩惠，民國三十九年我由餘姚至舟山群島撤退來臺，在舉目無親，前途茫茫最急難之際，幸蒙恩公破例提攜栽培，恩公是我生命中最重要的貴人，也是我一生幸福之關鍵，我在《新生報》服務四十餘年，迄至屆齡退休，如今子女有成，享受美滿幸福家庭生活，全是恩公恩惠德澤，感恩之情，實非言論或筆墨所能表達於萬一。去年拙作《堅毅力行》出版，蒙恩公紆尊頒賜序文，並又專函勉勵：「接大作展誦至再，無限欣悅，回憶故鄉，思念殷切，對於您倆天作之合，共同創立美滿家庭，數十年艱辛努力，已獲得豐盛的成果，值得慶賀與讚美，現在賢慧的子女努力更努力，必能光宗耀祖，為陽明故鄉增添更多光彩。」恩公對我們溢美鼓勵，深覺榮寵，銘感五內，我們敬禱恩公康泰萬福。

豪華落盡見真淳

——恭祝謝公然之先生九秩華誕

康 祥

欣逢謝公然之先生九秩華誕，我們以歡欣鼓舞、興高采烈的心情，歡慶這位千萬人景仰的國家大老萬壽無疆、福如東海。

謝公一生榮膺黨國重任，貢獻是多方面的，有「名報人」、「政治家」和「教育家」多重美譽，謝公然之今年歡渡九十華誕，他的門生、親友、部屬決定編印一本謝公九秩華誕祝壽專刊，以感恩與祝福萬分孺慕的心情，表達對這位慈祥長者的敬意。

我忝為謝公部屬，一生受到提攜栽培、親沐德澤、沒齒難忘，現撰寫這篇專文，抒發我多年積壓內心深處的心意，以便與各位先進分享謝公九十華誕的喜悅。

當我執筆撰寫這篇祝壽文章時，適逢中秋佳節前夕，緬懷月圓人壽，便聯想到金代大詩人元好問兩句詩：「一語天然萬古新，豪華落盡見真淳」，覺得以這十四個字來形容我們所敬仰的謝公待人接物，對黨國的貢獻，以及現在功成身退，優遊林泉晚霞滿天，老伴鶼鰈情深、非常恩愛、子孝孫賢，所以謝公心情是快樂的，顯得更年輕、更有活力、更有朝氣。

謝公待人非常熱忱且用人唯才，當年他任用侯斌彥先生為《台灣新生報》南部版主任時，不次拔擢傳為佳話，侯先生常與人提起這件往事，他那時在臺北《新生報》編譯組工作，有一天謝公突然召見他，要他到高雄擔任《新生報》南部版主任，事出突然，侯先生深感責任重大、不敢受命，謝公乃率直對他說：「你年輕有為，怎麼這樣沒有擔當……」侯先生至此乃接下重擔，據瞭解侯先生與謝公並無特殊淵源，僅賞識他才華而已。

關於我個人，從抗戰時期民國三十一年就追隨謝公，那時《新湖北日報》設在鄂西恩施滾子坪，我在報社擔任辦事員，後來謝公認為我工作勤奮，調升為校對長，不久又調任我為編輯，時值抗戰最艱苦時期，物資缺乏、生活困苦、營養不良，許多人都生疥瘡、奇癢無比，謝公看到同仁處此困境，非常關心，乃向上級爭取員工每人每月發豬肉一斤、豬油一斤，來改善員工生活，增加營養，這種雪中送炭的措施，大家均萬分感激。

當時謝公經常和我們生活在一起，工作在一起，作風開明、平易近人，他勉勵報社同仁，要飲水思源、居安思危、重視新聞自由、更要重視新聞道德。三十八年隨政府撤退來臺，謝公派我擔任《新生報》南部版編輯主任、主編一版。四十六年升我為主筆，當時謝公聘請沈旭步、劉大元、高叔康、張身華、汪民楨、朱鶴賓諸先生為特約主筆，每週各撰社論一篇，我除每日寫短評一篇，週日寫社論一篇外，並負責對外連絡，謝公常在電話中耳提電諭，至今記憶猶新，對我的栽培，真可說一步一腳印。五十一年接任總編輯時，謝公給我三點指示：一、要坦承自己才疏學淺，請編輯同仁鼎力協助。二、如有不法，同仁可以檢舉。三、不可捲入派系。我秉持謝公這三點指示：以臨深履薄、謙虛誠懇的心胸與編輯同仁相處、合作無間，因而我做了總編輯十年有餘，而謝公這些指示，看似平淡，實際是「一語天然萬古新」的至理名言。

謝公對《新生》、《新聞》南北兩大報的貢獻可說不勝枚舉，當時一張發行證，價值連城，謝公如果據為己有，早已是億萬富翁的報業鉅子，然而謝公卻大公無私，視報紙為社會公器，實在很了不起。同時謝公很重視員工福利，每次南來，除視察編、經兩部外，還特別到排字房慰問員工，當時並無冷氣設備，目睹員工流汗撿字，雖然報社經濟環境困難，仍特別囑咐增購電風扇解除大家溽暑之苦。並興建新聞一、二村解決員工住宿問題，使數百員工眷屬安居樂業，提高工作效率，這些德政，至今大家仍感激不已。

最後要一提的是謝公對國家社會的貢獻，大家都知道謝公深受先總統蔣公與經國先生和陳辭公的賞識和器重，常膺重任，抗戰時期謝公到重慶任軍事委員政治部設計委員兼機要室主任，三民主義青年團書記長辦公室主任，中央幹部學校主任祕書等要職，當時我奉命主編《青年前鋒》周刊，供青年軍官兵閱讀，除三十八年來臺，擔任《新生報》社長及新生報業公司董事長與國民黨副祕書長四組主任之外，並曾任政大、文大、政幹等校新聞系主任，桃李滿天下，培育不少新聞人才，他安於澹泊、和藹可親，待人更是宅心仁厚令人由衷敬佩，最後從薩爾瓦多大使一職退休，今寄居美國，從燦爛歸於平淡，現已屆九秩高齡，安享晚年，用「豪華落盡見真淳」來讚美這位長者的風範，誠令人肅然起敬。

《禮記》有云：「五十杖於家，六十杖於鄉，八十杖於朝，九十者天子欲有聞焉，則就其室以珍從」，可見古人對老年人是多麼尊重和景仰，事實上一個人能壽登八十高齡，或九十高齡並非易事，謝公乃福慧雙修之士，所以能年登耄耋，謹以「福如東海」、「壽比南山」恭賀謝公以表敬意與孺慕之忱。

海外謝恩師

——為慶賀然之師九十大壽而作

張　毅

一九四九年三月一日是一個天氣晴朗的日子，殘冬已過，馬上就是江南春暖花開的季節，我於匆忙中在上海登上國府撤退眷屬的巨輪，準備前往臺北，我站立船頭含淚向黃浦灘前送行的親友揮手告別，開始我五十多年悲歡離合、酸甜交錯的生涯。

一九四九年是一個具有歷史性的年歲，對世界對中國及渺小的個人都有深厚的影響，在那年國府撤退到臺灣，勵精圖治，替成千成萬不願留居大陸的中國人建立了安居樂業的基地，也替許多有志到海外就學或創業的中國學生搭上一座「出國橋梁」，無數幸運的中國人獲得機會於一九四九年間由大陸來到臺灣，定居一段時間，然後申請到海外留學就業或定居，我自己就是這群幸運者的一個。

我於那年隻身來到臺北，舉目無親，生活不定，當時總以為祇是臨時性住居，短期內等局勢澄清必會返回大陸。在臺北閒居兩月，偶然間在街頭遇到政大新聞系同學戴豪興，他和另一同學盧立群在臺北《中華日報》工作，盧任經理，戴任編輯，經他倆協助，我也加入《中華日報》做編輯工作，開始報人生涯。

在《中華日報》工作一月，生活逐漸安定，有一天看到中央社電訊，報導臺灣省主席陳誠派謝然之擔任《新生報》社長，當時《新生報》是臺灣最大報紙，又是省政府的喉舌，謝先生過去在湖北省任陳誠的機要祕書，不久前從密蘇里新聞學院學成歸國任教，年青有為，當然是一個最合宜的人選。他曾在南京政大教新聞學，是我的老師，因此他出任《新生報》社長的消息給我帶來無限的快慰和希望。

在謝老師接任《新生報》社長之前，他和夫人從香港來臺住在圓山飯店，我和政大新聞系同學尹直徽同去圓山拜望，謝老師問我們倆人工作興趣，我說喜歡採訪，尹願做編輯，謝老師在接任《新生報》社長的時候，帶了我們倆學生進入報社工作，一任記者（外勤），一任編輯（內勤），一外一內，當時在報社頗受同事矚目，對我們倆人來說實在是一件十分榮幸的事情。

當時《新生報》採訪主任是政大校友張明大姐，她曾經是上海名記者，由新聞界選出的國大代表，是一位非常精明能幹的女性，她對我十分照顧，把我看同小弟，特地指派我採訪省府新聞，當時中央政府還在重慶，省政府是臺灣最高權力機關，所以我的採訪任務是相當重要的。

有一天在報社突然接到謝社長電話，要我去見他，說有要事相告，我帶著緊張心情到他的辦公室，他含笑對我說，有個重要的任務給我，說陳誠主席需要一位機要祕書，記錄講稿，要推薦我去擔任。我聽了之後，真是有驚有喜，驚的是我離開大學不久，經驗缺乏，恐怕不能勝任重擔，喜的是陳誠當年是臺灣最有權力而受人敬重的人物，能夠替他做事，對自己前途將有無限幫助，因此我欣然到省府拜見陳主席，接受這項任務，由新聞界轉到政界工作。

陳誠主持臺政時有個智囊團替他撰寫講稿，徐鼒是這智囊團的主管，也是我的上司，我在省府工作一年，認識不少政界及新聞界人物，增加見識很多，是我生命中值得回味的一段珍貴歷程，直到現在我留居海外，還常想到五十年前謝老師對我的賞識和他提拔後進的恩情。

仁厚溫文仰吾師

張邦良

欣逢謝然之老師九十嵩壽，謹隔海遙頌：「仁厚增壽，溫文養生；如岡如陵，高山長青。」

民國三十四年暑假，我自湖北省立第六高中畢業在家休息一年後，從住處石首縣溯長江至重慶投考大學，當時參加了兩所大學的入學試驗，所幸均被錄取，使我得到了深造的機會。首先是中央大學放榜，在農學院園藝學系名單中佔有一席，我高興未來畢業後，既可為廣大的農民在從事農業改良的工作上服務，也暗慕我一位學農的同鄉在中大任教之餘，能從事兼營農產加工——如製肉鬆及水果罐頭，有一份較充裕的收入，可算是一項自認為很聰明的選擇。但不久得到中央政校的通知，我又被錄取了新聞學系，我雖不擅長舞文弄墨，但對「無冕帝王」的一份榮銜早已十分嚮往，何況當時中央政校新聞系，人才輩出，聲譽卓著，既然得來不易，當然棄之可惜，於是我選擇了南溫泉（政校校址），以從事新聞工作，作了我的終身職業。

就讀政校四年，初入校的系主任係新聞教育家馬星野老師，因馬老師對中國新聞教育的貢獻，曾被美國密蘇里新聞學院選為傑出校友，得到特別獎狀。他對新聞課程的安排，固然十分注重，對社會科學的一般入門常識，以及寫作訓練也特別加強，尤其是他曾擔任過《中央日報》社長，高年級的同學實習的機會也較多，所以前幾期的畢業同學，一分發入報社工作，即能進入情況，有所表現，能為傳播機構所樂用。

三年級以後，系主任改由謝然之老師擔任，然師在抗日期間曾擔任《新湖北日報》社長，後又去美國明尼蘇達研讀新聞，來臺後雖擔任《新生報》社長多年，但幾乎在臺凡設有新聞系的學校，都無不有然師教課的紀錄，所謂桃李滿天下，實當之無愧！當大陸快撤退時，局勢十分混亂，所有報紙均在所謂準備應變，我們雖然已是四年級的學生，既無場所也無心情修讀實習學分，但謝師卻鼓勵同學撰寫新聞通訊稿件，報導南京一般社會、經濟、政治動態，寄往各省公營報紙刊登，記得我曾寫過兩篇通訊稿寄往湖北《武漢日報》，均蒙迅即採用，這是當時地方渴望知道首都近況的原故。謝師利用寫通訊代替實習的辦法，其用意是一方面磨練同學的新聞「眼」「鼻」，一方面也為同學畢業後，預作介紹工作鋪路，其設想可算十分周到。

三十八年大陸情勢逆轉，陳辭公接任臺灣省主席，五月臺灣省屬《新生報》亦改組由謝師接任社長，當時祇有兩位同學張毅、尹直徽兄首先來臺，能及時追隨，迨秋季廣州危急，才有十五期畢業同學先後渡海，較早抵達的如姚朋、徐士芬、馮小民等均能獲得安排，嗣後等待工作先借生活費再進入報社的，則有袁良、曹鎏、陸孝武、方大川等同學，我因無此耐心久候，單獨至南部謀得教書工作數月後，才於翌年補缺進了報社。

我在報社長年都擔任編輯工作，因新聞政策與採訪路線均由社長與總編輯等主管決定，編輯祇要看新聞性質是否重要來決定標題的大小與版面的安排；當然，文字的修改與新聞內容必須據實而正確的合法表達，也是一項重要的審核工作。因本此原則處理新聞稿件，一向並無多大違誤，在編採會報中，也甚少遭受公開檢討。不料在民國四十六年五月二十四日的前晚，因國人劉自然被美軍士雷諾茲槍殺死亡，雷諾茲被美方審判後無罪釋放，即將出境返國，引起國人強烈反感。當晚即有群眾嘯集街頭，衝擊臺北市警察局事件，並引火焚燒警局門側車輛，幸警方自制得宜，未發生流血慘劇。第二天更嚴重的是民眾搗毀了美國大使館，使國人反美情緒達到了爆炸的邊緣。二十五日開會時，謝師表情嚴肅，連說劉自然事件，新聞過於渲染，「應該檢討」。我認為該新聞臺北市各報均曾大肆刊登，本報自無單獨負責之理，所以我並未發言說明，其實在雷案被判決確定的當晚，記者充滿忿怒之情，在新聞稿的開頭就寫「中國的法律殺人者死，外國的法律殺人者可以無罪」，各國的刑法，有其自己的定罪規定，何況當時美軍在臺且享有外交豁免權，雷案的決定，我國是無權置喙的。此一新聞「導言」，在法理上並無可非議，以中國殺人抵命的傳統觀念來看，則顯有不平與煽情之嫌。另外最值得斟酌的，是採訪組還附了一幅漫畫，內容為一個面目兇惡的美國大兵，用槍威脅一個中國平民跪地求饒，標題則為「保持距離，以策安全」。我與劉自然並不相識，卻認識他的姐姐常有美軍合作社的物質出讓。我不禁直覺想到這一殺身事件，可能因雷即將調職返美，或為劉欠款想賴，致遭橫禍。如果為了私人間的刑案，使中美邦交受到損害，對我反共復國大業，豈不是帶來沈重打擊。所以當時我說明以上的合理論據後，不惜與總編輯抗爭，絕對拒刊。並舉清末「義和團」的往事，怕民眾被誤導或被利用發生仇殺洋人的暴亂，新聞界就間接成了教唆犯的禍首。接著的演變，果不幸發生兩天的街頭騷動，大傷了中美兩國的感情。事靜數日之後，老蔣總統發表了一篇談話，除對美國表示歉意外，並自責民眾須加強教育，才能養成守法的習慣。這對記者採訪新聞必須深究其發生的背景，編輯新聞也要顧及社會的公義、國家的利益，才不致因誇大煽情滋生不良後果，在新聞學上也何嘗不是一件值得深思的教訓。

當大陸棄守，政府播遷來臺之初，新敗之餘，社會人心十分浮躁，赤色細菌亦趁機活動，所以政府對思想檢查十分嚴厲，有時矯枉過正，自難免不殃及無辜。譬如報紙所登新聞常有離奇錯誤出現，情治單位即以思想犯視之，或被捕人獄定罪，或羅織處以極刑，所謂「白色恐怖」時期，國人每一回想，至今猶不寒而慄！記得當政府完全退出大陸，蔣總裁下令舟山駐軍撤退時，新聞中舟山撤退因「撤」字不甚明顯，校對勾出加以改正付印，不料撿字工把更換的「撤」字誤將「裁」

字換上，遂成了蔣總「撤」下令舟山撤退，在當時的危亡之秋，此不僅對元首構成莫大的諷刺，於不安的民心士氣，更有直接的影響；故是檢查報刊的治安機關，認為是潛伏在臺的中共匪諜作案，為一種蓄意的破壞行為，經報社調出校稿審閱，才知是工人換字的疏忽，然師即以過失處分了事，拒絕對方嚴懲的要求。另一位校對，因晚上睡眠不足，精神欠佳，把原稿「蔣中正總統」中的「蔣」字，誤為「蔡」字未能改正，當然第二天情治單位也未曾放過，社方以改元首之姓，雖然涉嫌不敬，實與思想問題無關，祇是把那位粗心的校對，調至附屬機構任職，以小事化無。當然在五十年代，社中曾發生涉嫌匪諜的案件頗多，祇要有可靠證據，然師不但不加袒護，並尊重政府的政策協助偵辦，其明辨是非，愛人以德的風範，無不令部屬感佩不已！

然師平時與部屬很少私人接觸，部屬在工作上出了差錯，也從未聽說他疾言厲色，加以怒斥，所謂「望之儼然，即之也溫」，正是他性格最好的寫照。我們有一位同學陸孝武，一天有事被然師在辦公室約談，為表莊重，陸同學特別剃了個光頭前往晉謁，談話結束後，然師笑說：「孝武你今天的模樣，有點像美國明星尤勃連納。」孝武對然師的幽默，一時也無話可答。好萊塢有一部「國王與我」的電影，尤勃連納就是以光頭扮演主角，一時至為賣座，孝武平常木訥寡言，志慮深沈，頗具性格演員的特質，而寬頭大臉，外表莊重，確與尤氏十分相似，然師的幽默，不禁令人聞之發噱。

然師離開新生報董事長職務，即擔任黨務主管，執掌黨政宣傳政策之推動與協調，因思慮周詳，處事公正，甚獲傳播界好評，旋轉外交部派赴中美薩爾瓦多擔任大使，不久即去美國南伊大擔任教授。然師居美期間，雖少與同學聯絡，但我曾看到其在臺某雜誌寫過的一篇文章，對《新生報》的過去，仍不免深表懷念，凡在該報擔任工作的同學，均流露無限關懷與期勉之情。猶憶然師接任《新生報》時，報社設備簡陋，人員素質不齊，經過一番整頓，引進大陸來臺一批優秀新聞從業人員加入了工作陣容，設備更新，更開啟了臺灣彩色印報的先河；尤其注重內容與寫作水準的提升，不僅約請名家學者開闢「每日專欄」，採訪亦有計劃預定專題，以發掘社會被人忽略的優良事跡或個人敗中求勝的不屈精神，隨著報章篇幅的增加（有時日出八大張），發行與廣告業務亦蒸蒸日上。隨著社會的轉型與變遷，民營報紙亦配合需要紛紛出現，因其能擴大報導社會新聞，大膽抨擊政府施政，較之公營報紙因受會計、人事及新聞尺度的侷限，其競爭所呈現的優劣形勢，日益明顯，遂造成公營報紙一蹶不振的困境。如果有人要寫一部臺灣報業發展史，《新生報》在五十年代前後，對臺灣的報業與社會繁榮進步，其貢獻是絕對功不可沒的。凡一事業，由絢爛歸於平淡而走向衰微，參與的人總難免有一份內心的隱痛！就我個人而言，雖早已自《新生報》退休，仍不禁有失落之感，悵惘之情！

謹以德者有壽恭祝　然之先生九秩大慶

馮仁暄

民國三十八年八月我蒙　蔣君章先生之提攜，乃得順利進入臺灣，在《新生報》擔任校對，同時另在草山（現陽明山）之中國國民黨總裁辦公室第六組任職書記，民國四十二年　蔣總統復職，被分派至中央黨部宣傳部（後改稱為第四組），晚間仍兼《新生報》校對，長時期早晚二個工作，體力上實有不支，當時很想辭卻黨部的工作，從事報社編輯或採訪，惜因不善活動和表達，所以七年校對，依然校對，因而毅然辭卻報社工作，這時，出乎意外的，特蒙社長　然之先生召見，並執意挽留，謂早擬有所升遷，未及發表而已，我不願以辭職而得拔擢，堅決辭意，　然之先生即自抽屜內取出道德重整會入場券二張送我，並謂你可隨時返回報社服務，只要你願意的話，這是第一次與　然之先生見面，未料五年後，　然之先生發表擔任第四組主任，詢及他人，我是否仍在第四組，未幾即命調為機要之職，自第四組而至祕書處（　然之先生後升任副祕書長），追隨　先生長達十年之久。　先生為人和善，從未見其動怒，且公私分明，記得他擔任副祕書長時，工作極為忙碌，中午必需休息，他自己出資購買一隻長椅（不肯動用公款）作為午睡片刻之用。另拔擢人才，不遺餘力，憶王永慶先生即為當年 然之先生大力保舉老總統者之一。其他作育英才，不計其數，如姚朋、張宗棟、李瞻、荊溪人、張邦良、李文中、鄭貞銘、石永貴等人，均為社會之中砥，他的學生是多方面的，有政大新聞系的、幹校新聞系的，以及文化大學新聞系的，桃李滿遍天涯，令我最欽佩的，是他能一目數行，批閱公文，速度神快，但從不草率，改文稿衹需略加勾劃，即成好的文句，不像有些長官刻意挑剔，改得面目全非，而文句語意仍未完美，所以他的道德文章，真是超人一等，名不虛傳的。值茲 先生九秩大慶，謹以此文祝然之先生有德者壽

我與謝然之先生

齊振一

我與謝先生，他是《新生報》社長，我做記者，是長官與部屬的關係；他在母校做過新聞系主任，雖然我未上過他的課，仍是師生關係。

在《新生報》他高高在上，可以說沒有私的關係，但在公的關係方面，因為我採訪立法院新聞，在報導像「出版法」等重大新聞時，不免受到「護航」立委們的挑剔，給謝先生添了不少麻煩。

在《新生報》工作之外，我與謝先生之間，卻有幾件值得回憶的事。

第一，我在《新生報》時兼差為《香港工商日報》寫臺灣通訊，補貼生活。當時，《中央日報》記者江德成也為《工商》寫臺灣通訊。三軍球場那個最大的違章建築，許多作法都令人反感，但是臺灣報紙卻敢怒不敢言，沒人敢如實報導，生怕得罪總政治部。江德成在《工商日報》上寫了一篇翔實描寫三軍球場的通訊，主管三軍球場的總政治部副主任兼第九組組長胡偉克，看到竟有人膽敢捋虎鬚，不禁暴跳如雷，恃蔣經國之寵找到《中央日報》董事長陶希聖施加壓力，硬把江德成開除了。陶又對謝先生施壓力，要把我也從《新生報》開除。謝先生只委婉的說要我自請辭職。我表示，我雖然在《工商》兼差，但文章不是我寫的，我在《新生報》沒有犯錯，報社可以開除我，但我絕不辭職。謝先生力勸我體諒他的難處，所以最後給我三個月薪水，算我自請資遣。

第二，抗戰期間家父在重慶辦《時與潮》，我在臺北與江德成合作，又恢復《時與潮》半月刊的出版，後來因為經營困難，業務毫無起色，就決定放棄。但是家父認為《時與潮》既已復刊，就決心繼續辦下去，他請了立法委員藍文徵擔任發行人，繼續出版。雷震案發生後，雷在獄中作詩，《時與潮》刊出雷詩，並刊出立委夏濤聲等人的唱和，激怒了最高當局，但又苦於無計可施。當時，謝先生已離開《新生報》，到中央黨部擔任副祕書長兼四組主任。謝先生把我找到辦公室說，中央決定為此事對我加以處分，我說發行人早已變更，應與我無關。但是，我最後還是受到停止黨權一年的處分，雖然我在小組中的考績總在八、九十分。

第三，在我艱苦支撐《時與潮》時，我已辭離《大華晚報》總編輯職務，孤軍奮戰。當時，周至柔將軍出掌臺灣省政府，因為李蔚榮、黃漢兩兄被延攬到中興新村周主席身邊，所以我也有機會時常在周先生面前高談闊論。有一次談到如何加強省政宣導時，我認為，《新生報》是省府機關報，省府遷中部，《新生報》也應配合搬到中部，善為運用，不必留在臺北與《中央》、《中華》

兩黨報競爭。周先生可能認為我的「大膽假設」不無道理，所以在未事先知會我的情形下，希望我重回《新生報》效力。有一個星期日下午，周先生打電話請總統官邸的陳叔同祕書通知在北投新生報招待所度假的謝先生，請他到主席官邸。據說，周先生開門見山表示希望謝先生能找我回《新生報》。謝先生隨後約我見面，說我回《新生報》除了總編輯一職以外，什麼都可以。因為侯斌彥先生從美國返臺後剛到《新生報》做總編輯不久。我當時即向謝先生表明，我正為《時與潮》弄得焦頭爛額，根本不可能回《新生報》。在反覆研商苦無良計時，謝先生說，「要我如何向主席交代？」我自告奮勇答應謝先生，我會自己去見主席說明我無法回《新生報》的苦衷，這樣總算替謝先生解了圍。

一九八一年我從臺灣電視公司提前退休來到洛杉磯與朋友們辦《加州日報》，半年不到即賠光了老本，八二年初創辦《論壇報》(每週出版)，《論壇報》也於一九八九年天安門事件前一個月停刊，從此成為退休的新聞老兵。

來美後知道謝先生在德州及加州，但迄無機緣晉謁，直到十年前同學們在蒙特利公園市頂好超級市場旁的彭園聚會，為謝先生八十華誕祝嘏時，才又見面。此後十年中，也曾多次參加為謝先生祝壽活動。遺憾的是，當年熱心張羅的袁良、方大川諸兄，不幸均已早歸道山。

雲山夢斷　師恩長存

——恭祝謝然之老師九旬大壽

華文弟　胡瑞珍

說起來那已是將近五十年前的事了。民國四十年（公元一九五一年），我們初入政工幹部學校受訓時，謝然之老師是我們新聞組的主任。其時中華民國政府自大陸遷臺未久，百事待興。國防部總政治作戰部主任蔣經國先生，為因應情勢需要，創辦了政工幹部學校，隸屬國防部。在編制上分為研究班、本科班及業科班；而業科班又分成新聞、音樂、美術、戲劇、體育各組。向教育部申請以專科學校的資格立案，以培養健全的軍中幹部。因而吸收了許多自大陸來臺的流亡學生及軍中幹部。蔣主任對這批學生的期望甚高。各班組都延攬了第一流的師資。新聞組主任聘請了新聞界的巨擘謝然之先生擔任，俾以培養優秀的新聞人才。謝老師的本職是《台灣新生報》社長。當年的《新生報》、《中央日報》與《中華日報》，為臺灣報業界的三大主幹，發行面極廣。他公務繁忙，能抽出的時間不多。因此除了每週兩節新聞學的課程外，平時很少有機會見面，但學生對他十分敬愛。他身材中等，風神俊雅，微顯壯碩，有一種瀟灑的書生之氣；而且腹笥甚廣，博學多才，出語精湛，講課時將學術理論與經驗相結合，從容道來，使我們受益匪淺。是學生們心目中最敬愛的老師。

可惜的是，老師因為工作太忙，一年以後，他辭去了新聞組主任的教職，由林大椿教授接任。從此以後，我們就更少有機會見到他了。直到畢業之前，新聞組同學被分配到《新生》、《中央》及《中華》三大報社實習時，謝老師就特別對學生作計劃性的指導。使我們對新聞的採訪、撰寫、編輯、印刷、發行等各項要點及程序，有一貫性學習的機會，而得到實務性的經驗。這對我們日後在工作上，增加很大的信心。

在謝老師的指導與提攜下，幹校新聞系前後期有多位同學，得以先後進入《新生報》服務。民國四十七年八二三砲戰發生。徐摶九學長時在該報擔任記者，從事金門戰地採訪工作，連續寫下「金門一定打勝仗」之系列報導；虎帳談兵，疆場論戰，宏文一出，洛陽紙貴。多年後葉建麗學長更上層樓，追隨老師的腳步，榮任《新生報》社長。而駱明哲學長，更在該報任職總編輯多年。埋頭苦幹，不計名利，是我們極尊敬的學長。

時代的巨輪不停地向前推動。政工幹部學校創建了十年之後，經過多方面的努力，終於改制為政治作戰學校。至此各「班」、「組」均改為「系」，由專科學校提升至大學層次。過去畢業的同學多已先後返校補修學分，分別獲得文、法學士之學位。一支根苗滿山花。政戰學校各期的同學們，經歷時空的轉移，環境的變遷，很多人從軍中走向學校，繼續深造；更有很多人在各自的工作崗位上發揮力量，嶄露頭角，不負師恩校訓。而今政戰學校前期的同學們，多已自工作崗位上退休，散佈海內外，重新安排人生旅程上的第二春。

走過了半個世紀的時空隧道，越過了關山萬里的人生旅程。昔日政戰學校第一期新聞系的兩位女學生，於風萍偶聚之際，靜坐於加拿大溫哥華一座小鎮的書窗之前。在茶香裊裊中，談及今年適逢謝然之老師九旬大壽，回憶當年受教時的歷歷往事。少年情懷，已如逝水；雲山夢斷，師恩長存。謹以感念之心，秉筆為文。向旅居美國洛杉磯的老師與師母，獻上虔誠的祝福與深摯的懷念。遙祝老師師母，白首如新，福壽康寧，心清似水，人健如仙。

我們的家長

鄧錦明　吳宗珍

民國四十年，政工幹校設立，招考研究班，本科班及業科班學生，培訓政工幹部。業科班分新聞，美術，音樂，戲劇及體育五系，我們考進了新聞系，因而認識了我們的系主任，當時《新生報》的社長謝然之老師。由於謝老師在新聞界的關係，我們的專科老師，都是新聞界的前輩，而前往作專題演講者，也是當時臺灣新聞界及政學界頗具盛名的人，真使我們受益不少。因有謝老師的關係，畢業前，我們能往《中央日報》及《新生報》，實習採訪及編輯。謝老師也常往班上，為我們分析時事。他輕柔的言談，使人有親切感。因而，離開校門以後，有事的時候，就會不猶豫的去請教或求助。

我們倆人，由同學同事而墜入情網後，決定於民國四十五年六月結婚時，因無長輩在臺，曾為主婚人而躊躇。然後，宗珍想到她小學時的老師，當時臺北女師的訓導主任吳學瓊女士；錦明則想到了謝老師。當錦明前往謝老師府上，向他說明來意後，老師不但滿口答應，還像家長一樣的，熱心為我們籌劃起來，指點錦明，把婚禮及喜宴，都在愛國西路的婦女之家舉行，並親自向婦女之家的人打招呼，要他們讓我們在那兒訂禮堂及筵席。當時同學們的婚禮，多在吵吵鬧鬧的餐館裡舉辦，我們能在當時環境幽雅的婦女之家，完成我們的終身大事，是謝老師為我們設想所致。

民國四十八年，錦明考進了美軍設在琉球的聯合國軍之聲做編譯，因他是現役軍人，屬總政治部，必須辦外職停役，才能離開。當時的總政治部對錦明的請求停役，似難照准，在走頭無路的情況下，錦明只好請謝老師幫忙。錦明再去總政治部時，立獲批准。我們認為，是謝老師跟當時總政治部蔣堅忍主任談過了，才那樣順利。因而，我們去了琉球。卻沒想到，在那兒，竟逗留了三十多年，成為我們一生中居住最久的地方。

公元一九六六年五月，忽接謝老師自漢城寄來的信，說他應韓國政府之邀，正在那兒訪問，將取道東京回臺，並停留那霸，要錦明與琉球政府公報部長宮良用英先生聯繫，請他安排訪問琉球政府有關部門，錦明曾遵照辦理。因宮良先生於那年四月訪問臺灣時，曾受款待，因而，對謝老師等的造訪，亦以禮迎接。這次，因有琉球官員作了一切安排，我們沒有機會盡地主之誼，只負機場接送之責而已。

以後，聽說謝老師離開公職後，移居美國，住在何地，不得而知。直到一九九五年底，錦明退休後，我們移居美國，在洛杉磯時，從曾文偉及熊國俊同學那裡，得知謝老師住在洛杉磯郊區的Laguna Hills，便請他們兩位，帶我們去拜候。那是我們相隔近三十年後的首次見面。老師比過去消瘦了些，精神卻不錯。當他知道我們正在打聽將來的住處，也認為他那裡的環境不錯時，立即把我們帶往一家地產商，看了幾棟房子。我們覺得，他想有個學生住在附近；我們也願有機會協助年長的老師，只是，加州的房價較高，我們只好定居於西雅圖。想到我們不能對老師盡綿薄之力，常感遺憾。

一九九六年，有同學倡議，要為老師祝壽，我們便於八月八日飛往洛杉磯。次日，與住在洛杉磯的曾文偉夫婦，熊國俊夫婦，居聖地牙哥的邱正等同學，買了禮物，前往Laguna Hills，並在那兒的中菜館「湘園」設宴，為老師慶賀，使得老師及師母，都很高興。

時光荏苒，轉瞬間，又三年過去了。近接葉建麗同學電話，告知謝老師在臺的舊屬，計劃出專集，為老師慶九十大壽，要我們也寫一篇。回顧老師對我們像家長一樣的關愛及照顧，特撰此文，向老師聊表心意，並祝老師萬壽無疆。

師恩浩大，點滴心頭

——恭祝謝師然之九十大壽

蔣金龍

謝老師在學生心目中，永遠是和藹可親，笑口常開。記得民國四十四年九月，謝老師和徐詠平老師以及林大椿老師站在幹校新聞館門前歡迎我們這一班新鮮人。當時我們異口同聲的喊：「主任好！老師好！」聲音宏亮，可能是剛接受軍事訓練，所以同學們精神飽滿，抬頭挺胸的軍人氣概，一貫進入教室，從第二排開始按順序排排坐。全班當時只有二十四位學生，全系老師坐在第一排。謝主任等全體師生坐好後，手裡拿著學生點名冊，笑瞇瞇地走上講臺，突然間我的心情也放鬆一點，管理我們的軍官很嚴肅，老師卻和藹可親，成為明顯的對比！

謝主任首先介紹坐在第一排的老師，黃師天鵬、徐師詠平、林師大椿……每位老師笑笑地站起來，我們一一鼓掌，最後謝主任自我介紹說：「我是為老師服務的，當然，我也是你們的老師，今後各位同學見到我，要稱我謝老師，不要喊我謝主任。因為主任是暫時的，有任期的，老師是一輩子的……。」坐在我旁邊的一位同學輕輕地對我說：「主任老師好偉大啊！」的確，一點架子都沒有，我也有同感！

到今天我還永遠記住謝老師這幾句話，而且實踐老師的話。我於民國七十一年接任系主任時，也規定我的學生不要喊我系主任，要稱我蔣老師。

謝老師當時是《台灣新生報》的社長，不過還是經常到學校來，見到學生就笑瞇瞇的噓寒問暖。有一次見到我說：「你要多吃一點，太瘦了，今天天氣很冷，穿得太少了。」並且還摸摸我的衣服。多年失去父母的我，當時我感激的眼淚都要掉下來了。我還記得謝老師上課時，一定要求學生多看報，當時我們每位學生手上都有三份免費的報紙，除了《新生報》之外，還有《青年戰士報》和《中央日報》。這是別的系同學們最羨慕的，他們常常要我們把看完了的報紙，拿給他們看。後來我們才知道，這都是謝老師為學生爭取來的。

老師上課時非常嚴格，除了講解、討論之外，還有口頭作業和書面作業，同學都怕口頭作業，如果沒有仔細看報的話，老師口頭問你問題，就無法回答。見學生不用功的時候，老師就沒有笑容，這時候同學們都知道，老師生氣了。

謝老師對學生到報社和廣播電臺實習，特別重視（當時還沒有電視臺）。先按成績再按志願，每位學生都要安排到報社或電臺實習，而且實習成績作為在校學習成績的總驗收。謝老師一直強調，理論與實務並重。

學生最高興的事，就是能到臺北各報社實習了，因為我們是軍事管理的學校，平時難得到臺北，同時實習時又可以穿便衣，比較輕鬆，更高興的是謝老師會請學生「打牙祭」，當時生活都很苦，我們這一群絕大多數沒有父母的學生，能吃到一頓好吃的飯，實在很不容易了。還有更高興的，那就是實習期間，特寫、獨家新聞，還有稿費可拿，這些都是學生們最盼望的事。

記得有一次謝老師請我們「打牙祭」時，規定每一報社實習學生都有一位老師指導，帶領學生去報社報到。因此老師便與實習學生坐在同一桌，可以就便詢問學生實習的情形。那一次我正好被分發到《新生報》實習，由謝老師親自把我們四位學生交給當時《新生報》採訪主任的張明老師，當時我們都很緊張，老早我們就聽過張老師要求記者特別嚴格，上一屆的學長告訴我們，能夠通過張老師的新聞稿，可不簡單。好像謝老師很清楚學生的心理，對著我們四位學生說：「不要緊張，同學們要有信心，人家行，你也行，要有不認輸的精神。」的確，信心必能通過重重的難關。

四十多年了，謝老師的話，學生永遠記住。師恩浩大，點滴心頭，恭祝謝老師萬壽無疆！

謝老師伉儷加州生活側影

龔安麗

在加州橙縣有一座名叫「悠閒世界」的社區，一大片略有起伏的丘陵地上，花木扶疏間，散置著一棟棟小洋房，非常寧靜安逸；外圍環繞有高爾夫球場、圖書室、購物中心、郵局及醫院，日常生活相當方便。此區距離華人集中的蒙特利公園市約一小時車程，距離加州人最愛的海邊只有十五分鐘；氣候冬暖夏涼，兼以終年陽光普照，確是頤養天年的好地方；相信這也是謝老師伉儷決定由德州遷來此地的原因。

九五年在歡迎謝老師伉儷喬遷加州的聚會中，我們再一次見到闊別將近三十年的謝老師；一位以前只能遠遠坐在臺下聽他諄諄教誨、似乎可望不可及的大人物——謝然之先生，就這樣帶著一臉笑容的走進我們文化新聞系校友的家庭生活中，成為一位慈祥、體貼又充滿關懷的長輩，師母更是像母親一樣的疼愛我們！

由於我住的離謝老師家很近，自九五年與謝老師見面後，我就成了謝府的常客，為此謝老師還特別為我申請了一張可以自由出入「悠閒世界」的通行證（為維護住家安全，社區門口設有警衛）。我還記得去申請通行證的那天，下車後在通往辦公室的路上，由於老師較師母年長，所以我直覺的要去攙扶他，沒想到老師小聲對我說：「我走路沒問題，師母因為背痛需用枴杖，我拿枴杖只是為了陪師母，讓她心裡舒坦些。」輕描淡寫幾句話，卻道盡了無限溫柔體貼的心意；我心感動之餘，對謝老師更添敬意。

謝老師與師母待人真誠，對他人的善意從不輕忽，常懷感恩之心。這幾年我跟他們相處以來，在這方面有很深的體會。平日有學生去探望時，他們總是滿懷欣喜的接待；若是一起吃飯，則堅持由他們請客，絕不讓我們付帳。而令我印象最深刻的一次，有一回他們的座車送廠檢修，取車那天我陪同前往，只見老師拎著兩盒餅乾，在結帳取車之時，送給那位修車師傅，並很誠摯的向他道謝。我看在眼裡，感動在心裡；這就是我們的謝老師，永遠以真誠對人。

謝師母近年來雖因背痛，行動略有不便，但仍然自己開車出門辦事，從不輕易麻煩他人。家中除了請有專人打掃清潔外，事必躬親，每天均為謝老師精心調理膳食。就連我這晚輩，若師母事先知道我會去，她也總是特別準備點心給我。記得九八年秋，師母決定回家鄉探親，卻又放心不下老師一人在家，我答應抽空探訪。一天我帶了些小菜去，謝老師非常開心，對自己一人在家的不方便隻字未提，唯對師母一人出門在外的記掛卻溢於言表。為了讓我心安，還興致勃勃的告訴我，他學會了多少米要加多少水，煮出來的飯才好吃；又告訴我他發明的營養簡易食譜——豌豆蝦仁蒸蛋；我雖沒有嚐到，但聽起來已是色香味俱全。我還開玩笑說：等師母回來，可以換老師主廚了！由這些生活小插曲，也讓我深深體會，老師與師母確是鶼鰈情深的好伴侶！

回想九五年初次登門拜訪謝老師和師母時，心中還很惶然，因為心目中的謝老師曾是位居要津的大老；我看到他們家牆上掛著國父孫中山先生著名的「博愛」兩字墨寶，還有先總統蔣公早年任軍事委員會委員長時的小銅雕肖像，處處可見歷史的痕跡，也在在顯示這家主人不平凡的經歷；然而老師和師母溫和平易的待人接物方式，讓我如沐春風般，除去了心中一切的不安。

由於三位子女均住外州，無法時相往來；在日常言談中也時時可以感到他們對子女的體諒與愛心。九九年對他們來說是一個開心年，因為遠在夏威夷的女兒為他們添了第一個外孫。而我這學生雖住的較近，卻也常因工作、家庭的牽絆，無法常常探望；但我雖然做的有限，老師和師母卻把我當自己女兒看待！由他們待人接物的風範上，我也深刻體會一個人的成功，並不在於世人所看見的功名利祿，乃是一顆真誠的愛心！在我內心深處，也一直有個願望，就是能有更多的時間，真正像女兒一樣承歡謝老師、謝師母膝下！

謹以此文恭祝謝老師九秩華誕，祝福老師、師母身體健康，歡樂常存。

編後語

在五、六十年代，謝然之先生是臺灣炙手可熱的名人。他擔任新生報業公司董事長，下轄《新生》、《新聞》兩報，都是當時的臺灣權威大報，他也曾任執政黨的第四組主任，亦即當年的中央宣傳部部長，以後在蔣總裁的器重下，又升任中央黨部副祕書長。

如果以名位定位謝然之先生，不免過於功利。事實上，他所令人感佩者是他的前瞻遠見，以及為新聞事業所樹立的專業風範。他是我國少數在新聞教育先進國家美國密蘇里新聞學院受專業薰陶的先進。回國後，即以新聞事業為他的終生職志，除《新湖北日報》外，《台灣新生報》、《台灣新聞報》更是他發揮長才的新生地。在他領導下的報紙，可謂良將如雲、謀臣如雨。而民意調查學術的倡導、廣告事業的發展、編採合一制度的嘗試、《新生報》新聞大樓的興建、專欄的革新充實，都說明了他勇於創新的勇氣，這些都代表了劃時代的新意義。

更令人欽敬的，是他對人才培養的重視，以及對新聞專業教育的經營。今日臺灣的新聞人才，鮮少不受他的教導與提攜；無論是政大新聞系、文大新聞系、師大新聞組以及世新的籌劃，他無不參與擘劃，更苦心經營，培養了許多傑出人才。

雖然以後然之先生被徵召出任大使，但他念茲在茲的、終生關懷的仍是教育與新聞。尤對中華文化的復興與國家前景的開展無日不心所縈懷。

今年為然之先生米壽（日人以米壽為九秩大壽），昔日受教於然之先生門下的學生與幹部，倡議出版專輯為先生壽，並推筆者負聯繫之責。筆者身受然之先生教誨、栽培，無由推辭；雖力薄能鮮，仍不揣淺陋，承乏重責，以報答浩蕩之師恩。而學長姚朋、李瞻、荊溪人、石永貴等經常督促、指導、關懷，尤足令人感謝。

書成之日，蒙東大圖書公司董事長劉振強先生慨允出版。劉董事長對筆者說，然之先生是正派的讀書人，為理念而辦報，與今日部分傳媒界之以八卦、聳動為能事，不可同日而語。筆者聞之，不僅感動且極感佩，然之師的風範是標諸歷史，社會公認的。

近年來，然之師雖客居異鄉，但對國事仍多關心。去歲筆者率臺灣研究生訪問團訪北京時，謝師來信說：「從事學術交流，對兩岸文教界，促進友誼，或可減低目前劍拔弩張之政局，使命重大，殷望至切，深盼雙方具有共識，推誠合作。」

深願謝師的智慧與遠見能夠為國人所共鑒、大家真誠合作，共同為國家前程而奮鬥努力。更願謝師福體安康、萬壽無疆。

鄭貞銘　八十九年三月二十九日於臺北

附錄：

自述年譜簡編初稿

謝然之

民國二年（一九一三）一歲

夏曆癸丑年六月二十五日卯時出生於浙江餘姚縣北城候青門祖宅，先父鍾年公號漢卿，母胡氏。

先祖父元音公，祖母王氏，對長子長孫甚為喜愛，命名煥章，字炳文。

先祖父常言吾家祖先明代抗倭有功，以觀海衛為前哨，第泗門為後方，聚族而居，衛國保民。明代賢相謝遷為孝宗皇帝弘治的功臣。他的墓園就葬在餘姚東城外的玉皇山麓。每逢清明節，先祖父為族長，前往主祭，親族數百人參加跪拜。

民國三年（一九一四）二歲

先母體弱，僱奶母喂乳，並請小姑母協助照顧。

民國四年（一九一五）三歲

先母於端午節攜兒返北鄉胡家畈省親，外祖父母全家熱烈歡迎，尤以先母為獨女，得子有榮，鄉里共慶。

民國五年（一九一六）四歲

先祖父篤信佛教，每月朔望必須親往玉皇山上香，是年五月初攜孫乘轎向玉皇殿拜佛，並請住持賜名然珠，及長自立，改名然之，以迄於今。

民國六年（一九一七）五歲

元宵節先父攜兒參觀南城著名祠堂花燈大會，騎父肩背，擠入人潮，五光十色，燦爛奪目，為生平首次奇遇。

民國七年（一九一八）六歲

先母夏初又懷孕，時感不適，乃於七月間返鄉休養。

九月十四日傍晚，小舅父緊急奔來，謂先母乘船抵埠，盼先父立即上船迎接。稍頃雙親偕外婆到達，因先母在途中流產，不能上樓回臥室，乃在書齋後房臥室憩息，當夜發高燒，延醫診斷為產褥熱，醫藥罔效。延至九月二十日晚昏迷不醒，夜半先父抱兒跪床邊送終，全家哀泣，乃感母亡失恃，號啕大哭，痛不欲生，昏倒在先父懷抱中。先母早逝，享年僅二十七歲。

民國八年（一九一九）七歲

正月　入近鄰福星私塾就學，拜高福星先生為啟蒙老師。每日上午八時入學，午膳回家，飯後再入塾上課，迄五時散學歸家。

民國九年（一九二〇）八歲

十月　先父續絃，娶繼母鄭氏，相處親善，對先母遺物及臥室陳設，頗多讚賞。每逢推窗面對龍泉山，遙指王陽明先生讀書處，勉努力向學。

民國十年（一九二一）九歲

繼母於十月生產二弟然璋，家中氣氛驟變。先父是年三十歲，決自立經商，遷寓南城，以經銷麵粉與輸出棉花為專業。

先祖父乃決定分家析產，留長孫隨侍在側。每日讀報，講解時事新聞，受益良多，為以後從事新聞教育之引導。

民國十一年（一九二二）十歲

春季轉入崇實教會學校三年級，校長沈劭年先生（臺灣農復會前主委沈宗瀚先生之長兄），督導甚嚴，兼授英語。晚間受業於名儒徐宿菴老先生家塾，開始讀《論語》與《古文觀止》。

民國十二年（一九二三）十一歲

崇實小學四年級，晚讀四書，然後讀《書經》，秋開始讀英語初級課本。

民國十三年（一九二四）十二歲

四月間先祖父母雙慶六秩華誕，在慈庵誦經唸佛，舉行祝壽佛事一週，闔家住庵內祈拜。

讀《詩經》、《史記》，選讀《王陽明全集》。

民國十四年（一九二五）十三歲

崇實小學卒業，轉入實穫中學肄業。

續讀《史記》、《資治通鑑》、選讀《王陽明全集》。

民國十五年（一九二六）十四歲

溫讀四書，瀏覽《小倉山房文集》。

加強英語補習。

民國十六年（一九二七）十五歲

隨三叔父洽卿先生赴上海，入聖約翰大學附中肄業，學期終大考，國文得第一名。暑假中三叔父被校方解聘，乃在家中補習英文半年，自修數學與國文。

民國十七年（一九二八）十六歲

元月　轉入上海昌世教會中學，經考試錄取高中一年級，暑假後升入高中二年級，不幸秋季全校罷課，寒假返家加緊自修，補習英語。

民國十八年（一九二九）十七歲

元月　轉入上海南方高級中學，經考試跳入高中三年級，學期結束，即告畢業，在大考前參加國文作文比賽，獲得冠軍金牌，為師友共賀。回憶自十五歲來滬入中學，連年為跳級日夜苦讀，至是高中畢業，乃告一段落，計時先後共三年半。暑假中參加大學入學考試，考取上海光華大學與蘇州東吳大學。經先父與三叔父商酌，決定入光華大學，便於回家省親。秋季入學時，同班同學有謝仁釗、沈昌煥與許聞淵等。

民國十九年（一九三〇）十八歲

在光華大學入學後，對文學頗有興趣，乃與穆時英與儲安平等組織文學研究會，當時風行普羅文學，與新月派對立，互寫壁報論戰，引起激辯。

三月　邀請魯迅先生來校講演，當局派軍警干涉，被迫散會，副校長廖茂承面予警告，暗示最好轉學。秋季乃轉入蘇州東吳大學政治系，選讀英美文學與論理學。

民國二十年（一九三一）十九歲

在東吳大學選讀英美文學與邏輯學，教授均為美籍老師，督導甚嚴，英文講讀與寫作日益進步。不幸九一八事變爆發，舉國震撼，各校同學紛紛請纓抗日。國難嚴重，上海左翼作家加緊聯繫，敦促赴滬參加活動，乃於秋季轉入上海東吳大學法學院，研讀國際法與出版法，並應啟明書局之約，譯述蘇俄作家高爾基名著《沉淵》，翌年出版。

民國二十一年（一九三二）二十歲

一月二十八日 倭寇發動「一二八事變」進攻淞滬，戰況激烈，幸十九路軍奮勇抗戰，實為對日抗戰的開端。但國府堅持「攘外必先安內」國策，引起各地青年強烈反對。中共乘機號召聯合抗日統戰，左翼作家紛紛拉攏，乃於五月間在上海與丁玲等作家同時加入中共，瞿秋白監誓，潘梓年與馮雪峰為聯絡員。

十月 由滬乘輪赴廣東汕頭，黑夜抵達福建上杭，進入長汀蘇區，於十一月底到達贛南瑞金葉坪，晚餐時首次晤見毛澤東，共同排隊領飯包，邊吃邊談，迄晚握別。

民國二十二年（一九三三）二十一歲

一月 偕任弼時同往寧都（當時已改名博生縣），就任中共江西省委會宣傳委員。

五月 應召返瑞金接任主編《紅色中華》機關報，在江西蘇區為唯一的報章。

民國二十三年（一九三四）二十二歲

一月二十二日 第二次全國蘇維埃代表大會在瑞金舉行，出席參加，並編印《紅色中華》大會特刊。

二月二日　中華人民委員會改組，毛澤東辭職，由張聞天繼任主席，謝然之為祕書長。

二月五日　中華人民委員會發佈第一號佈告，為統一與流通蘇維埃輔幣，與張聞天聯名公告施行。

五月　患惡性瘧疾，病重吐血，醫診斷有肺病傳染，住入醫院療養。

九月　舊病復發，仍有吐血現象，醫診斷為初期肺病，乃進行徹底治療。

十月十五日　毛澤東、朱德、秦邦憲（博古）、張聞天等率紅軍主力撤離江西蘇區，走上長征遠途。

十月二十日　《紅色中華》二四三期出版後停刊，從此絕版。

民國二十四年（一九三五）二十三歲

一月　贛南蘇區陷落，病患人員隱藏民間，我在會昌縣湯屋鄉農家暫住。

二月十五日　國軍第八師搜索民宅，搶走衣物與銀元，以擔架抬至師部，轉解至寧都第十八軍軍部，經羅卓英將軍轉報陳總指揮辭公，因過去在上海譚府相識，同情抗日初衷，允准先父前往保釋，乃回家療養，徹底根治肺疾。抵家最沉痛的是我最敬愛的祖父元音公已於年前十二月十二日逝世，辜負祖恩，終生愧疚，痛感罪孽深重。

民國二十五年（一九三六）二十四歲

三月初　自上海乘輪至日本橫濱登陸，乘高架鐵道逕赴東京，就讀日本中央大學新聞研究所，主修新聞學理論與大眾傳播學課程。

五月　日本中央大學新聞學研究所功課考試完畢。同時翻譯房龍著作《聖經的故事》亦已完稿，送交世界書局出版，獲稿費四百元。

民國二十六年（一九三七）二十五歲

六月下旬　自東京返抵上海，訪問親友，勾留未及匝月，發生蘆溝橋七七事變。抗日戰爭即將全面展開，乃趕返餘姚家中，準備從軍抗日。

九月十日　八一三淞滬戰事爆發未久，突於九月十日接陳誠將軍手電：「浙江餘姚候青門一號謝然之著即來崑山前線報到　陳誠」，接誦之餘，感奮至極，自知從今報國有途。隨即整裝抱病啟行。當時正患重傷風，楊醫師處方，囑隨帶藥罐自煎。自餘姚乘火車經杭州轉往蘇州，沿途車輛誤時，壅塞不堪，迄午夜始抵蘇州，急奔至十八軍軍部宿夜服藥，翌晨乘軍車抵達崑山第十五集團軍總司令部報到。當晚辭公自劉行前線歸來，面囑擔任隨從祕書，收聽日軍新聞廣播，並蒐集各方資料，隨時面報。同時囑撰擬文稿，第一件是以第三戰區前線總指揮名義發表「雙十節告前線官兵書」，稿擬妥批示即送蘇州印成傳單，送往前線散發，鼓勵士氣。

十月二十四日　日寇自觀海衛登陸，向我後方大包圍，乃連夜自崑山撤退，轉輾至皖南宣城重行部署。是日中午日機突來轟炸總司令部，死傷衛兵多人，我隨辭公在同室辦公，臨時隱身辦公桌下，幸而無恙。而參謀處長劉雲瀚兄與隨從副官石心志二人則受輕傷，經醫療後仍裹傷工作。翌日辭公奉召赴南京開會，司令部人員均往武漢候命。

民國二十七年（一九三八）二十六歲

元月　軍委會政治部成立，陳辭公奉命出任部長，並兼任武漢衛戍總司令與第九戰區司令長官。辭公手令聘我為政治部設計委員，仍兼任隨從祕書職務。

三月　奉蔣總裁交下研擬三民主義青年團團章草案，綜合各方所呈文件，重擬團章，經辭公核可，簽呈總裁批定後公布。

七月七日　三民主義青年團在武昌正式成立，暫設中央團部於湖北省議會舊址（武昌革命臨時政府所在地），奉命擔任書記長辦公室副主任，委員長侍從祕書李惟果為主任。

十月二十一日　武漢陷敵，隨陳長官退守崇陽，轉輾至長沙，然後參加南嶽軍事會議，以陳長官名義提出「抗日戰爭唯有持久戰與消耗戰，與敵奮鬥到底方能爭取最後勝利」戰略報告，經大會研討，制訂今後作戰方針。

十一月十六日　長沙大火，身歷其境，悲憤至極。嗣後隨陳長官赴重慶，主持中央團部書記長辦公室業務。

民國二十八年（一九三九）二十七歲

三月　為陳書記長辭公草擬「三民主義青年團的性質及其展望」闡述：「團為黨的一部份，有黨的存在，而後有團的產生。任何人不能認為團與黨是兩個獨立的或分離的組織」，以糾正當時各方反黨的意識。

九月一日　中央團部正式成立，原先的中央臨時幹事會，改組為「中央幹事會」，同時正式成立「中央監事會」。

十月　創辦《青年月刊》自任主編，以研究青年問題為主旨，頗受學界與教育當局重視，銷行後方各地校區。

民國二十九年（一九四〇）二十八歲

八月二十六日　陳書記長辭去中央所有兼職，遄赴鄂西專任第六戰區司令長官兼湖北省主席。青年團中央團部書記長由張治中繼任，乃辭去原職，調任中央宣傳處副處長。

十一月十二日　與高萍女士訂婚。

十二月　辭去中央團部宣傳處副處長，應陳主席辭公電召，前往恩施，接任《新湖北日報》社長職務，兼任第六戰區黨政分會宣傳處處長。

民國三十年（一九四一）二十九歲

三月　接高萍女士來恩施，協助報社工作，並辭去重慶中央團部組織處職務。

四月　改革《新湖北日報》內容，擴充版面，加強第六戰區各地新聞報導。

六月　裝置電動平版印刷機，加速印報，擴展發行，使外地報紙提前付郵寄出。

十一月十二日　與高萍女士結婚，敦請陳長官辭公伉儷蒞臨證婚，因辭公臨時赴前方指揮軍事，乃由陳夫人代為蓋章，完成婚禮。

民國三十一年（一九四二）三十歲

元月　陳主席宣佈新湖北建設計劃，實施民生主義經濟政策，《新湖北日報》闢專題論壇，徵集陪都學者與專家撰文討論，頗為熱烈。

二月　兼任國民黨湖北省黨部委員兼宣傳處處長。

民國三十二年（一九四三）三十一歲

三月　赴重慶參加青年團第一次全國代表大會，首次會晤蔣主任經國，並研討創辦中央青年幹校問題。

四月　自渝返恩施，繼續主持《新湖北日報》社務。

五月　日軍進犯鄂西漁陽關，長陽失守，陳長官自昆明遠征軍總部飛回，親臨鄂西指揮，堅守石牌要塞，殲滅進犯日寇二師團，造成鄂西大捷。蔣委員長蒞臨恩施致訓慰勉將士，並參加各界祝捷勞軍大會，接受敬禮。

十月 接蔣主任經國函告康澤請辭幹校籌備主任，他已奉命擔任中央幹校教育長，並邀即赴重慶參加籌備工作，乃呈請省府准辭《新湖北日報》社長職務，當時陳長官亦已離鄂，在滇西指揮遠征軍。

民國三十三年（一九四四）三十二歲

元月 離恩施赴重慶馬家寺，擔任青年團中央幹校教育長辦公室主任，積極進行籌備工作，佈置校務。

三月二十九日 中央幹校正式開學，蔣教育長經國主持開學典禮及精神講話，並進行學術討論一週。奉命在會中講述青年團成立經過與革命任務。

十月 隨蔣主任飛往贛州，準備專員公署移交事宜，並命周靈鈞主任祕書正式代理專員。

十一月 蔣方良女士攜子女遷居重慶，經國先生伉儷於歲尾在九龍坡寓邸宴請幹校各單位主管夫婦共度除夕。

民國三十四年（一九四五）三十三歲

三月 隨蔣教育長赴新疆訪問，飛經蘭州謁朱紹良長官與谷正倫主席，並參加晚宴。翌晨飛往新疆，下午抵達哈密宿夜，安睡一晚，翌日上午續飛，於中午安抵迪化。吳忠信主席率省府各單位主管親臨機場歡迎，盛況空前。連日訪問考察，遠至吐魯番與天山瑤池等地，一週後經蘭州返重慶覆命。

三月二十九日　中央幹校第一期畢業，分發畢業學員至青年軍各部隊任政工職務。

六月九日　偕經國先生晉謁蔣總裁，奉准出國赴美進修，並發給旅費美金參仟元。

七月十三日　自重慶飛印度加爾卡答候輪赴美，逾月無船，不克成行。經國先生偕外長宋子文赴莫斯科談判中蘇條約，途經印度，頗為焦慮，乃代為交涉改乘飛機。

九月初旬　乘英國皇家空軍飛赴加拿大，轉紐約，於九月中旬抵密蘇里大學註冊，入新聞學院研究部肄業。

民國三十五年（一九四六）三十四歲

三月五日　杜魯門總統偕邱吉爾至密蘇里訪問Fullerton學院，前往歡迎，向群眾演說，首次提出「蘇俄鐵幕」對世界的威脅。

五月　密蘇里大學新聞系補課，學分修畢，獲新聞學學士(B. J.)參加畢業典禮，授予文憑。

九月　轉入明尼蘇達大學新聞及大眾傳播學院，研讀碩士學位，撰寫〈中國抗日戰爭中的宣傳工作〉為碩士論文。

民國三十六年（一九四七）三十五歲

五月　明尼蘇達大學新聞研究院碩士論文考試，由主持教授吉拉德(Prof. J. Gerald)邀集考試委員三人（新聞學院教授二人、政治系教授一人），進行考試，經投票一致通過，頒給新聞學碩士學位。

七月　自舊金山乘輪返上海，轉往南京，參加中央黨部工作。

八月　就任中宣部新聞處處長，兼中央宣傳小組祕書並參加蔣總裁主持之宣傳會談。

九月　兼任國立政治大學新聞系教授，每週授課六小時，講授「新聞學概論」、「新聞採訪」與「新聞編輯」。

民國三十七年（一九四八）三十六歲

元月　繼續擔任中宣部新聞處處長及有關兼職。

七月　赴上海協助蔣主任經國推行幣制改革及經濟管制事宜。

民國三十八年（一九四九）三十七歲

二月　奉召自香港赴奉化溪口晉謁蔣總裁，並留在豐鎬房協助經國先生處理官邸文書工作。

四月　陳主席辭修蒞臨溪口晉謁總裁，報告臺灣省政並談論大陸局勢最後危機，談至深夜，陳主席面報總裁允准調往臺北擔任《新生報》社長。翌日午餐後即隨同飛往臺北。

五月一日 接任《台灣新生報》社長，乃全力加強編輯人事，整頓業務與清理廢墟，籌建新大樓。

六月二十日 創辦《新生報》南部版於高雄市。

七月一日 聘李白虹為《新生報》社副社長。

十一月三十日 檢討《新生報》的革新，在編輯方面盡了極大貢獻的是當時政大新聞系剛畢業的傑出同學：姚朋、袁良、張毅、徐士芬、方大川、尹直徽、葉宗夔、荊溪人、彭承斌、馮小民與陸孝武諸位。

十二月七日 蔣總裁由成都返臺，國民政府遷設臺北，大局丕變。《新生報》的使命更為加重。

民國三十九年（一九五〇）三十八歲

二月十日 聘趙君豪為《新生報》副社長兼總經理。

三月十五日 陳辭公就任行政院院長，以確保臺灣，準備反攻復國為施政中心，對新聞報導與評論特加重視，《新生報》職責因而加重。

九月一日 政工幹校在臺北復興崗成立，設置新聞組，蔣主任經國親邀任該組首任主任，為臺灣創辦新聞教育之開端。

民國四十年（一九五一）三十九歲

二月　撰〈新聞學的發展與新聞教育的革新〉論文，發表於臺北《報學半年刊》第一卷第八期。

三月　《新生報》設置讀者服務部，舉辦時事講座及文化、康樂與旅遊活動，加強報社與讀者之聯繫。

五月　首次舉辦民意測驗，為自由中國報業之創舉。

民國四十一年（一九五二）四十歲

二月二十日　中日和約在臺北舉行第一次會議，東京每日新聞特派員青木繁及朝日新聞與電通社等記者，借用《新生報》大樓為辦公室，進行採訪發報事宜。

五月二日　應日本每日新聞社之邀，訪問日本戰後政經實況，並與日首相吉田茂談中日和約後經濟合作前途。旅日期間曾撰專題報導七篇，刊於《新生》、《新聞》二報。

十月十二日　國民黨第七次全國代表大會開幕，列席參加。

民國四十二年（一九五三）四十一歲

五月　為徹底改革《新生報》印報設備，決定向東京池貝印機工廠株式會社訂購最新彩色高速輪轉印報機，派楊成才廠長前往訂購新機，準備新廈落成啟用。

民國四十三年（一九五四）四十二歲

四月　政工幹校新聞組第一期畢業優秀學員曾文偉、鄧錦明、葉建麗、李明儀與熊國俊等均分發至軍聞社與《青年戰士報》擔任編輯與記者工作。

五月一日　《新生報》新建大樓竣工，印報工廠同時完成，正式遷入辦公，敦請省政府俞主席鴻鈞揭幕，舉行隆重典禮，並以酒會招待來賓。新大樓位於臺北市中心衡陽街延平南路口，與中山堂並肩雄峙，猶如時報廣場。

九月　國立政治大學在臺復校，先設新聞研究所，應邀兼任教授，講「比較新聞學」與「新聞文獻」。

民國四十四年（一九五五）四十三歲

五月　政治大學決定恢復新聞系，系主任暫由新聞研究所曾虛白教授兼任。

六月二十日　《新生報》南社建造新辦公大樓與新印報工廠於高雄市中正路，同時落成，舉行盛大慶典，親往主持，接待來賓致賀。

六月　世界道德重整會組團來臺訪問，在中山堂演出「永恆之島」，蔣總統偕夫人應邀觀劇，頗為讚賞。

九月　世界道德重整會邀請我國派代表參加該會在瑞士柯峰的年度大會，奉派前往與會，獲識世界各國人士，尤以英美國會知名人物，頗能推誠相見，批評時事與社會惡風，會後訪問西德，轉往巴黎，承段茂瀾公使熱烈接待，逗留旬日考察法國新聞事業。旋至英國道德會總部，詳談世界道德重整運動之歷史及其國際活動，順道參觀倫敦各大報社，晤路透社負責人士，詳談電訊體系。

十月　由倫敦赴美，訪問我駐美大使館友好，然後至紐約參加美國新聞學會年會，並應母校明尼蘇達大學新聞學院之邀，前往講演，獲傑出新聞學者榮譽獎狀。同時會晤南伊大新聞系主任郎豪華博士，堅邀赴南伊大參觀，師生重晤，倍感興奮。最後渠告已獲美國新聞總署聘請赴國外講學一年，徵詢意見，乃建議來政大任客座教授。

十一月初　經東京，訪問「每日新聞」老友及「朝日新聞」社長並晤我駐日大使館人士，於月中返臺，此行自歐經美，轉日返國，前後計時約三閱月。

民國四十五年（一九五六）四十四歲

五月　國立政治大學陳校長百年先生親臨《新生報》大樓，堅邀擔任新聞系主任，因曾虛白主任為專心致力新聞研究所，不願兼任新聞系教務。對百年先生的懇切與誠摯，深為感動，乃允勉力兼任系務，並請聘新聞研究所畢業同學李瞻、陳諤與張宗棟三位任講師，協助日常教務，及指導編印系刊《學生新聞》。

六月　介紹南伊大新聞系主任郎豪華博士來政大新聞研究所任客座教授，經曾主任虛白與臺北美國新聞處洽妥，轉洽國務院敦聘來臺。

民國四十六年（一九五七）四十五歲

五月　聘請王洪鈞先生自美返國，任政大新聞系教授並協助系務。

七月　偕萍赴美國麥金諾島參加世界道德重整會，中國代表團由何應欽將軍任團長，團員有唐縱、胡軌、查良釗、羅時實、孟昭瓚、錢用和、余夢燕、溫哈熊與沈錡夫婦等十四人。

九月　美國南伊大新聞系主任郎豪華博士偕夫人蒞臺，應邀來政大新聞研究所任客座教授並指導新聞系同學赴美深造事宜。

民國四十七年（一九五八）四十六歲

五月一日　就任《新生報》社長屆滿十週年，同仁以照片紀念冊贈予致賀。

八月二十三日　金門砲戰，《新生報》記者徐摶九同學在料羅灣採訪，犧牲成仁，深為痛悼，多次傷心落淚並撰社論弔唁。徐同學為政工幹校新聞組優秀畢業生。

民國四十八年（一九五九）四十七歲

三月　應母校密蘇里大學新聞學院之邀，參加創立五十週年紀念會，到世界各國代表，會中發表演說，譴責中共在大陸扼殺新聞自由，逮捕新聞記者，濫封報刊，請求大會代表一致申討，獲得全場肅立贊同。在閉幕典禮中，代表留臺同學會向母校呈獻五彩三星與宮燈，由老學長杜魯門總統親臨大會代表新聞學院接受，頗為隆重。

四月九日　訪問南伊大新聞學院，郎豪華博士夫婦設宴於南伊州開羅海鮮邨，一再邀請於秋季來南伊大任客座教授。

五月　入史丹福大學醫院治療胃潰瘍，經東京返臺北，在家休養二月。然後簽呈總裁請假赴南伊大任教，批准假期十月。

九月中旬　偕萍自臺北飛美，抵芝加哥轉飛聖路易斯下機，郎豪華夫人駕車迎往南伊大，就任客座教授，講授「新聞文獻」與「亞洲研究」。寒假中偕政治系主任亞歷山大教授夫婦訪問香濱伊大並遊芝加哥。

民國四十九年（一九六〇）四十八歲

六月　南伊大功課結束，開始暑假，郎豪華夫婦歡送告別，飛往洛杉磯訪問親友，續飛東京，經香港返臺，《新生報》同仁前往機場迎接。

七月　辭政大新聞系主任，由王洪鈞教授繼任。

民國五十年（一九六一）四十九歲

六月一日　奉總裁命就任中央黨部第四組主任，負責全黨宣傳工作之指導與策劃，並參與黨中央重要決策。同日，《新生報》社實行改制，經省府核准董事會之下設總社長，下轄臺北《新生報》社與高雄《新聞報》社，分別由王民與趙君豪擔任社長，兩報獨立經營，對總社負責。董事會通過由本人擔任總社長，董事長謝東閔仍續任。

六月二十日 《台灣新生報》南部版，正式更名為《台灣新聞報》，在高雄市舉行交接典禮，由趙君豪任社長，王啟煦任副社長。

十月二十二日 臺北市廣告人協會成立，獲推任該會主席。

民國五十一年（一九六二）五十歲

八月十八日 臺北市報業公會召開會員大會，邀請專題講演，懇切提出新聞道德問題：要求新聞界改進犯罪新聞報導，杜絕誨淫誨盜惡風。

九月二十日 長男舜虎出生於臺北市，十月遷居天母郊區。

民國五十二年（一九六三）五十一歲

五月 中國文化學院決定成立新聞系，董事長張曉峰先生堅請擔任系主任，情不可卻，經商妥聘鄭貞銘教授代理系務，並經常上山會晤師生，對華岡新聞系之創立，作為畢生對新聞教育之最後奉獻。

十一月十二日 中國國民黨召開第九次全國代表大會，擔任大會會場佈置與大會新聞發佈事宜。陪侍總裁巡視會場，與各地代表晤面。

民國五十三年（一九六四）五十二歲

五月　《新生報》董事長謝東閔因參加第三屆省議會議長競選，不克兼任省營事業職務，請求辭職，經本報第四屆第十一次董監事聯席會議通過照准，改推謝然之繼任董事長，並聘謝東閔為本報發行人。

八月十五日　次女舜雯出生於臺北市天母。

十月中旬　陳副總統在病中召見，面容憂戚，對從政前途表示已乏力完成復國重任，囑追隨經國同志繼續努力，盡忠職守，坦誠諫言，含淚握別。

民國五十四年（一九六五）五十三歲

三月五日　陳副總統上午病危，晚七時昏迷逝世，是日整天在官邸侍候，迄晚與經國先生等黨國政要列隊在官邸送終。入晚送靈至臺北殯儀館，參加辦理治喪事宜，直至喪禮完畢，安葬於臺北泰山鄉墓園。

十月二十五日　《新生報》創刊二十週年紀念，在全省業務會議上宣佈，在二年之內，本報社大樓決將擴建為十層大樓，集資參仟萬元，正積極策劃中。

民國五十五年（一九六六）五十四歲

二月　應谷鳳翔祕書長簽呈，奉總裁批准調任中央黨部副祕書長，第四組主任職務由陳裕清同志接任。

五月二日　訪問南韓，在漢城晉謁朴正熙總統，並受總理金鍾泌熱忱接待，同行者有郭驥與陳建中二位，又與南韓報界暨政府人士頗多接觸，相互饋贈禮品。

六月十二日　偕曾虛白、殷張藍熙、王藍與鄭南渭赴紐約參加國際筆會。會議期間晉謁蔣夫人於紐約市寓邸，報告最近國內外宣傳措施，又對聯合國討論外蒙古入會問題、研討對策，回國面報總裁參酌。

六月十八日　途經舊金山，駐美西新聞處主任鄭南渭邀集灣區學者與教授談論國際問題並設晚宴歡迎。

民國五十六年（一九六七）五十五歲

五月　國民黨中央常會決定推行中華文化復興運動，任谷鳳翔為祕書長，謝然之為副祕書長，谷祕書長出國期間，代理會務。

六月十八日　文化學院舉行新聞系第一屆學生畢業典禮，並出版《永恆的新聞系》紀念專冊，引起新聞界與學術界共同注意，對華岡新聞新秀刮目相視。回憶每年聖誕晚會，與每位同學交談，心心相印，希望永遠不會忘懷。

民國五十七年（一九六八）五十六歲

三月　赴東京參加中日合作策進會年會，由谷正綱領導，同行者有陳建中與胡健中諸位，與日方委員商談政經合作問題。

五月一日　高雄《新聞報》社創立二十週年紀念，舉行慶典，與侯斌彥社長共同主持，接待來賓致賀。

十一月十二日　中華文化復興運動推行委員會召開第一次全體委員會議於陽明山中山樓，負責籌備事宜，蔣總裁兼會長親臨主持，以改革社會風氣，推展中華文化於海外為號召。

民國五十八年（一九六九）五十七歲

四月八日　國民黨第十次全國代表大會自三月二十九日開幕後，擔任大會副祕書長，協助議事，甚為忙碌，今日大會選舉中委，高票當選第十屆中央委員。

六月十六日　幼兒舜哲出生於臺北市天母。

民國五十九年（一九七〇）五十八歲

七月　辭卸中國文化學院新聞系主任，請鄭貞銘教授正式繼任。

八月　中央常會通過行政院決議特任謝然之為駐薩爾瓦多國全權大使。

九月十二日　《新生報》社各級主管舉行晚宴送別。

九月十六日　中國文化學院新聞系師生於上午十時在院內敘會送別。中午，政大新聞研究所一期同學在陽明山中國飯店宴別。

九月二十四日　在行政院舉行宣誓典禮，就任駐薩爾瓦多國大使，請嚴兼院長主持監誓。

九月二十五日　政工幹校新聞組同學在三軍文藝活動中心舉行晚會送別。

九月三十日　高雄《新聞報》社同仁在社內會議廳舉行晚宴送別並談今後社務。

十月十二日　中午乘中華航機離臺赴東京，逗留一週會晤親友，續飛經洛杉磯轉機，前往薩京就任，我使館林磐石祕書至機場迎接。

十一月六日　向薩爾瓦多國總統桑傑士將軍呈遞國書，外長蓋萊洛博士參加合影。

十一月十一日　桑傑士總統親函致賀就任駐薩國大使，敦睦中薩邦交。

民國六十年（一九七一）五十九歲

四月　王永慶夫婦蒞薩訪問，鄧秋水偕行，參觀薩國工業，有意在海外籌辦石化工業，尚待多方考察，具體計劃。

四月八日　復活節春假，偕沙羅蒙及其友人川田健次等在薩京高爾夫球場敘會。

五月二十日　萍率子女自臺北飛抵薩京，闔家團圓，深為欣慰。虎兒與雯女當即入薩京英國小學肄業。

七月　周參事君自尼加拉瓜調來薩京，另有李明儀與林長宏二祕書則已於三月間調來，館務得以積極開展。

十月十日　首次舉行國慶酒會，薩國政要暨各國有邦交使節與僑團代表紛來參加致賀。

十一月　薩國舉行大選，莫里那將軍當選新任總統，我國政府邀請訪臺，我奉命先返臺籌備歡迎事宜。抵臺後薩國突發生政變，莫里那不克成行。幸政變迅即敉平，而時間已不及出國訪問，余遂即回薩返任。

民國六十一年（一九七二）六十歲

三月　國府派遣農技團來薩協助農業改革，增加農產品之引進，由吳恪元先生任團長，率領團員抵達薩京，與農業部詳細研商，分赴各地實際考察，擬訂工作計劃，於五月底展開工作，預期三年完成。

六月　國際商展在薩京揭幕，我國派團參加商展，運來工藝品甚多，品質優良，均較當地市價低廉，為薩京社會及各地民眾所欣賞，紛紛列隊前來參觀並訂購。

七月　虎兒考取薩京美國學校，升入中學九年級。

九月　外交部長蔣彥士以特使身份訪問中南美洲各國，於九月十二日抵薩京，接受隆重軍禮歡迎。莫里那總統以酒會款待，蔣部長代表國府贈勛總統、副總統與外長三人。

十一月　僑務委員會高信委員長夫婦蒞薩慰問僑胞，並參加使館酒會與華僑社團歡宴。

民國六十二年（一九七三）六十一歲

三月　返臺參加國民黨十屆三中全會，訪晤友好，並與文化復興運動委員會同仁研討海外中華文化復興推行計劃。

又為開展中薩藝術交流，曾文偉同學主持總政治部文化藝術活動，決以國軍優秀國畫作品多幅贈送薩教育當局，以為開端。

四月二十六日　世界反共聯盟谷正綱會長蒞薩訪問，應薩國會之邀，向全體議員致詞，講演「世界反共抗俄之局勢與自由世界聯合作戰策略」長達一小時，頗獲贊同，掌聲不絕。會後晉謁莫里那總統並參加我大使館歡迎酒會。

六月　中美洲五國華僑聯誼會在薩京舉行，由關會長湛端主持，僑委會毛松年委員長耑程前來致賀。會期三天，連日舉行酒會與晚宴，熱鬧非凡。

九月　尹葆宇大使率中華藝術團自臺北來訪，在薩京表演反共話劇與我國傳統藝術，頗獲薩國各界好評。

民國六十三年（一九七四）六十二歲

五月　嚴副總統夫婦偕楊次長西崑代表我國政府來訪，薩國政府由副總統及外交部長與禮賓司長等以隆重軍禮歡迎，並在總統府進行官式訪問，與莫里那總統懇談兩國外交與經濟合作及農技協助等項，發表聯合公報，並參觀薩京名勝，泛舟遊湖，相互歡宴三日，最後以軍禮隆重歡送。

九月 參謀總長賴名湯將軍來訪，由薩外長波谷洛諾夫與軍方首長以軍禮隆重歡迎，訪問期間曾參觀薩國軍校訓練與部隊演習，雙方討論國際軍事情勢與相互合作問題。同時莫里那總統亦在總統府舉行贈勛儀式與歡迎酒會，臨行仍由軍方以軍禮歡送告別。

十月十日 國慶節舉行酒會招待薩國政要與外交團使節，美駐薩大使卡托前來參加酒會，談及其故鄉德州首府奧斯汀氣候宜人，風光美麗，歡迎任滿往訪定居。

十二月二十四日 在聖誕前夕下午，向祕書輪值至辦公室，接臺北外交部來電，當即譯出，告知新任大使連戰業已提經行政院會議通過，正式發表，部令即日通知薩政府徵求同意。余閱後即交周參事速辦。薩政府在聖誕節至元旦期間放假，無法接洽，當待新年開始後正式行文洽辦。

民國六十四年（一九七五）六十三歲

二月二十二日 晉謁莫里那總統辭行，並攝影留念。晚間由外長波谷洛諾夫舉行歡送酒會並代表薩國政府贈勛佩於胸前，頗為隆重。

二月二十六日 早起整理行裝離任。上午九時，我使館全體職員偕眷屬在周參事夫婦領導下齊赴機場送行，行李由農技團黃團長秋逢運送至機場，林祕書磐石辦理登記。余偕萍率子女至貴賓室與各方送行諸友好一一握別，隨即登機飛瓜地馬拉轉機抵達洛杉磯宿夜，翌晨飛往德州首府奧斯汀定居。

三月　為子女就學與安頓居所，耗盡精力，以致引起十二指腸潰瘍，大便出血，乃就醫療治。

四月五日　收視電視新聞，驚悉　總統蔣公溘逝，萬分哀悼，因病不克返臺奔喪親往弔唁，深感內疚，曾分函蔣院長經國與嚴總統陳情請假。

民國六十五年（一九七六）六十四歲

二月　谷祕書長岐山函慰病況，並盼安心療養，不宜抱病回國。

五月　赴休士頓參加美國新聞學會年會，訪晤明大老師吉拉德教授，彼以年邁多病，亦扶疾而來與會，傾談甚歡，據告已退休二年矣。

六月　長子舜虎高中畢業，考入德州大學，研讀數理學。

民國六十六年（一九七七）六十五歲

三月　校訂英文中國國民黨歷史文獻，由紐約聖約翰大學再版。

五月　訪問休士頓大學，與圖書館館長張輝同學長談，應邀至其家中盤桓多日，並遊休市名勝。

民國六十七年（一九七八）六十六歲

一月　研讀明史，追念先祖謝遷公歷任明孝宗講師與內閣大學士兼兵部尚書，與李東陽同為孝宗輔宰。一生歷經成化、弘治、正德與嘉靖四朝，政績卓著，對明代中興，貢獻良多。

七月　虎兒自德州大學轉學入康納爾大學申請已獲准，乃於八月二十六日飛綺色佳，改修文學哲學。

十月二十一日　侯斌彥專程來訪，偕遊奧斯汀名勝與德大圖書館詹森總統紀念堂，並練習駕車，予以輔導，俾回諾城後自行駕駛，便於日常生活起居。

十一月二十二日　首次駕車赴休士頓往訪周天作家住宿，連日遊覽休市名勝與華埠商賈。在其家中壁上懸有故宮名畫，乃余題贈其父周君之中堂，謂「歲寒識松柏，淡泊求知己」。

民國六十八年（一九七九）六十七歲

二月七日（農曆正月十一日）　今為莽六秩華誕，闔家歡慶。溯自恩施結褵以來，倏忽已屆花甲之年，辛劬終年，無日安寧，每逢華誕，除供奉祖先表示敬意外，從未有飲宴祝壽之舉，今日除面呈禮金外，一切如舊。

三月二十二日　飛綺色佳康納爾大學，探視虎兒遷校後學習環境與生活情景。抵校後蔣碩傑教授至為歡迎並邀午宴，彼在研究部授課，對大學部人事不甚詳，如遇有困難，願全力協助，又渠透露明年將返臺任顧問云。

八月五日　赴休士頓大學參加美國新聞學會年會。今第一次大會，主題為「職業教育與職業道德」，中午參加吉拉德老師受獎典禮，由Dennis與Gray二教授致頌詞，讚揚吉師為人與治學之風範及其誘導後進之美德，令人敬仰。旋由新聞學會女代表贈獎，一致起立鼓掌，歷久始息。吉老師致答詞，至為謙遜。會期三天，分組討論，與祝基瀅、曠湘霞與黃紹雄等時有過從，會畢請黃振榮教授送機場飛返奧斯汀回寓。

民國六十九年（一九八〇）六十八歲

五月　赴紐約參觀《紐約時報》，事先與該報發行人沙茲柏格夫婦約定上午十一時，彼倆來臺參觀《新生報》時，曾設宴招待，其夫人亦為密蘇里新聞學院之老學長，因此頗為友善，接待至殷。

七月　虎兒利用康大暑假期間，飛往英國牛津大學選讀暑校功課，以文史哲學為主，八日晚電告入學手續辦妥，即日開課並謂暑假後仍回康大復學。

十月　飛紐約晤袁良同學，陪同參觀附近名勝，並赴西點軍校考察，逗留一日。

民國七十年（一九八一）六十九歲

五月　虎兒在康納爾大學畢業，獲文學士學位，並已獲得英國牛津大學研究院入學許可。余參加畢業典禮，與虞駿母子相敘，彼亦在康大同時畢業。晚間偕往郊外海鮮餐廳，邀宴慶賀。

六月　余自紐約飛芝加哥轉往南伊大，訪問郎豪華教授夫婦，商談撰寫「宣傳與外交」一書，將交由南伊大出版社承辦。

八月　虎兒飛英倫入牛津大學研究院攻讀哲學碩士學位。

九月　雯女考入德州大學會計系，住校上課。

民國七十一年（一九八二）七十歲

五月十四日　萍參加歐洲旅行團，於下午自奧斯汀轉達拉斯直飛倫敦，林大夫彩霞偕行，並由虎兒陪同赴歐陸各地旅遊，至六月十三日回抵休士頓，余偕關家安醫師夫婦至機場迎接，當晚轉機飛返奧斯汀，闔家歡敘。

八月十四日（夏曆六月二十五日）為余七十歲生日，萍贈予英國維多利亞女皇紀念金幣一枚，諸兒簽名生日賀卡並贈電動剃刀。

九月一日記者節　撰〈臺灣新聞教育之開拓〉（從復興崗經木柵到華崗的創建歷程）。

民國七十二年（一九八三）七十一歲

四月　接鄭貞銘教授函告，囑為中國文化學院新聞系成立二十週年撰紀念文，即送《報學半年刊》登載。

五月　康大校長羅德斯函賀虎兒榮獲Mellon Fellowship獎學金，盼返美深造。

六月　虎兒在牛津大學畢業，獲碩士學位，因學膳費與旅費甚昂，決定返美進修博士學位。

九月入芝加哥大學研究部，研讀哲學博士學位。

九月二十一日　下午六時心悸病大發，當時正在收視新聞，當即休息，臥床未及一分鐘，心悸劇烈為前所未有，雖臥床靜養，而脈搏速度竟高達110跳以上。十時半服鎮定劑後就寢，良久未能入眠，頭昏心跳，至午夜方略平靜，然昏暈如故。此次病況歷時最久，殊堪警惕。

民國七十三年（一九八四）七十二歲

六月　雯女畢業於德州大學商學院財政系，獲B.B.學位，並積極覓事，暫先在銀行任臨時工作，十一月財政部貨幣管理局需添人，經考試及格錄用。

九月　虎兒轉入哈佛大學研究院，攻讀哲學博士學位，並獲兼課獎學金，可免繳學費。

十一月十四日　應周君公使之邀請，暢遊南美洲，為生平一大快事。今午乘泛美航機赴紐奧良，宿錢樂生家中。翌日下午乘東方航機飛巴拿馬轉往玻利維亞，住我使館，接受周公使伉儷招待。然後偕同遊祕魯，在利瑪首都共同渡假三天後分手，即單獨飛往智利、阿根廷與巴西等南美洲ABC三國各地名勝遨遊，直至巴京方獲休憩。乃於十二月四日回到玻利維亞，與周公使夫婦重敘，勾留三日，再經巴拿馬回紐奧良，於十二月十日返抵奧斯汀家中。

十二月十一日　中午接雯女電告，財政部貨幣管理局OCC已派定工作，二十一日赴達拉斯集訓，二月一日起前往Midland工作。

民國七十四年（一九八五）七十三歲

三月五日（夏曆正月十一日）　萍六十五歲華誕，舉家歡慶祝壽。

六月四日　乘東方航機赴亞特蘭大轉往Rapid City，黃栩接機赴Spearfish，住假日旅社，翌日乘車赴Rushmore參觀林肯、羅斯福等四總統巨頭石雕像，並購戒指二枚作為紀念。

六月八日　遊懷奧明州鬼塔(Devil Tower)，晚回快城，於十日返回德州家中。

六月二十日　赴波士頓晤虎兒，談哈佛研究院功課近況，翌日駛往晴天鎮訪老同學夏道成夫婦，住旅舍遊附近名勝，旋回波士頓返德州寓。

八月一日　偕侯斌彥遊溫哥華，自西雅圖乘輪船至維多利亞登陸，再乘船至溫哥華旅遊三日，乘長途汽車返西雅圖握別。

民國七十五年（一九八六）七十四歲

六月　偕萍飛波士頓，虎兒接往住Charles Hotel，連日暢遊哈佛校園與劍橋名勝，訪謝哲青李至真伉儷敘宴。翌日又至晴天鎮晤夏道成夫婦，敘宴於VIP海鮮餐廳，同往甘迺迪總統故居遊覽。在晴天鎮勾留三日，再回劍橋與虎兒敘晤。

九月　應宋仰高夫婦之邀，偕萍赴溫哥華參觀世界博覽會並在中國館採購物品多種，又至維多利亞觀光。在溫市晤林賓年周姍姍夫婦，至其家中晚宴，返美經西雅圖訪晤凌遇選夫婦，久別重逢，互傾別悃。

十一月十二日　余突發帶狀疱疹於佛州奧蘭多旅舍，右肩背密集膿疱，毒液橫流，痛徹心肝，為生平最嚴重之突發重病。美國醫生對疱疹多無智識，更乏療術，一般祇知Singles其名，而茫然不知所措，甚或望之卻步。乃於翌日飛返奧斯汀寓所，幸賴萍悉力照顧，每日塗藥清洗，逐漸消腫結疤。但後遺症，即皮下神經炎，貽害終身，日日疼痛，習以為常。歐陸與日本皆有良藥療治於初發之時，根絕後患，造福病人，足為美國醫界反省改進與加強研究。

民國七十六年（一九八七）七十五歲

五月　因帶狀疱疹，醫生亂投藥物，時生尿閉，至五月尿閉甚重，經尿科專家Dr. Garuin診斷，必須以手術清理攝護腺，住院三天，幸無惡性病毒，旋即復原。

六月　偕萍赴波士頓參加虎兒在哈佛大學獲碩士學位畢業典禮。

民國七十七年（一九八八）七十六歲

七月　赴舊金山渡暑夏，租住麥西達公園公寓樓房，傢俱須自備，向附近木器店租用，氣候涼爽，交通頗不便。

十一月　撰文紀念經國先生逝世週年，追思他創辦中央青年幹校，從馬家寺到復興關的經歷，由《傳記文學》十二月號刊出。

民國七十八年（一九八九）七十七歲

六月十四日　偕萍自紐約乘Concord超速高空飛機赴倫敦，上午九時自拉瓜地機場起飛，升高至五萬三千呎，時速一千三百五十哩，計三小時四十分降落倫敦希索羅國際機場，由史太福旅社專車接往住宿。

六月十九日　由英倫赴日內瓦，訪老友薩羅蒙夫婦偕遊名勝至法國邊境，並至日內瓦湖上船中敘餐。翌日朱家讓伉儷午宴於中國餐館，共話臺北往事與故友。連日在市內購瑞士名錶及衣物，於二十四日返倫敦，勾留二日即返美，於二十六日回奧斯汀家中。

民國七十九年（一九九〇）七十八歲

六月八日　偕萍赴波士頓晤虎兒，會同哲兒渡夏，因哲兒從未出國旅遊，要求偕赴倫敦一遊，因有廉價機票，乃於月中啟程，飛往倫敦住白金漢宮鄰近大旅社，連日觀光市區，並應世界道德重整會友人之邀，在近郊會舍敘餐，熱烈歡迎。

民國八十年（一九九一）七十九歲

七月　飛洛杉磯轉赴悠閒世界公寓渡夏，迄十一月回奧斯汀故居過年。

八月四日（夏曆六月二十四日） 政大旅洛市同學為祝賀八十生辰，設宴於馥園，袁良與姚朋為發起人，巴山負責籌備，湛先樹協同佈置壽堂。出席者有王之南與齊振一、唐野夫、靳春華、裴君箸、程耿堂，暨王慶豐諸位暨夫人，先後分桌入座。稍頃有方大川父子、陳諤、石敏與葉建麗長子等蒞臨，濟濟一堂，賓主盡歡。

政工幹校新聞組同學均參加慶賀，由甯廷榮篆書壽字中堂一幅，代表全體同學致賀。

八月十七日 政工幹校旅美同學曾文偉伉儷為賀壽，特在其寓設宴，親治酒餚，邀葉建麗夫婦作陪致賀。此後又邀同鄧錦明、熊國俊夫婦歡宴敘會。

十一月十二日 金婚紀念，在悠閒世界渡假中合影留念，永誌不忘。

民國八十一年（一九九二） 八十歲

七月十二日 虎兒通過哈佛大學哲學博士學位考試，正式獲得博士學位，其論文題目為研討論理學的現實問題，英文題名為：De-Psychologizing Intuitionism The Anti-Realist Rejection of Classical Logic By Sanford Shieh同時虎兒已應聘為惠士良大學大學教授，聘書與薪俸亦同時寄到，至為欣慰，按該校Wesleyan University乃美國歷史悠久之名校，為美以美教會於一七五〇年代在美國所創辦。

十一月 欣逢中國文化大學新聞系創系三十週年紀念，特撰文祝賀，題曰「華崗新聞人材輩出」，我深感知己的是鄭貞銘教授，奉獻一切為創系而努力，鞠躬盡瘁為同學們服務。有熱情老師，乃有天才學生。現在國內新聞界的中堅如李濤、周荃、王偉忠、陳剛信、高信疆、湯健明、張逸東、沈智慧等，以及在海外奮鬥的如潘健行、吳章鎔、簡武雄、方炳炎與桑繼康、宋晶宜、張靜濤等，皆為華崗傑出的才智之士。

民國八十二年（一九九三）八十一歲

一月六日　猝因感染毒菌，突發重病，急症入醫院治療。注射抗生素點滴，住院六天方告痊癒，幸無後患。

三月九日　聯襟葉景春兄與薇姊結婚六十週年鑽石婚紀念，特寄贈禮物致賀，彼為國大代表，名葉光，以奉公守法為人師表。

六月十日　虎兒獲頒哈佛大學哲學博士學位，畢業典禮儀式隆重，先是鳴鐘、祈禱、唱國歌，然後畢業生代表分別以英語與拉丁文致詞，接著校長魯亭斯丁頒畢業證書，歷時甚久，禮畢散會時齊唱哈佛校歌。

六月十二日　袁良夫婦自紐約專程來洛市，與童華世貞及韓漪夫婦聯合舉辦壽宴，為祝賀余八十華誕補壽。與宴者有戴豪興、湛先樹與蘄春華夫婦。

民國八十三年（一九九四）八十二歲

一月十六日　上午入Seton醫院，照大腸鏡，由法萊格醫生主持進行Endo手術，切除息肉(Polyp)一粒，清理大腸，一小時即告完成。醫云一切正常，可以放心。

二月十一日　為葉建麗著《新聞歲月四十年》一書撰寫序文，讚佩其服務《新聞報》與《新生報》長期奮鬥之努力。

六月二十一日　左眼白內障日益惡化，經陳維邦醫師檢查後，決定開刀割治，僅一小時完成手術，未感痛楚。

民國八十四年（一九九五）八十三歲

四月　撰〈大學新聞教育在臺復興之回憶〉，寄《傳記文學》劉社長紹唐發表於五月號。

六月　政大新聞系復系六十週年紀念，將隆重舉行，新聞系主任鄭瑞城教授函邀返臺參加，因年邁不克長途飛行婉謝，同時為文祝賀題曰「政大新聞系花甲之慶」另郵寄去。

民國八十五年（一九九六）八十四歲

八月二十二日　鄭貞銘教授下午自洛市首次通話，因須即飛加拿大，不克晤面，決定明年再來美訪晤。

九月一日　文大新聞系同學吳章鎔偕黃姍與方炳炎來訪，同往川湘園午餐，互傾別愫，此乃華崗同學首次在洛市敘首，無限欣慰。

九月二十一日　吳章鎔同學夫婦歡宴余與萍於其寓邸，邀請方炳炎、黃姍、龔安麗、曾慶瑞、邱麗珠、林日熙與李明武等歡敘一堂，共話當年，快慰奚似。

民國八十六年（一九九七）八十五歲

四月二十六日　雯女與Kevin Wright在夏威夷檀島結婚，余偕萍及虎兒與哲兒同往參加婚禮，親自送雯女至禮堂，由牧師證婚完禮。

八月　撰〈三民主義青年團往事瑣憶〉為抗戰期間完成革命任務的青年團，戰後被國民黨右傾份子嫉視，被迫歸併取消，實為現代黨政史上黑暗的一幕，特為文敘述當年成立盛況與戰後悲劇落幕的經過，原文刊於《傳記文學》民國八十六年十月號。

五月二十二日　偕萍赴洛市，與吳章鎔同學偕往玫瑰山莊勘察，購置墓地，以為終身大計。

七月十七日　鄭貞銘教授蒞臨，闊別二十五載，如約重晤。今由吳章鎔、邱麗珠二同學陪同來訪，無限欣慰感奮，暢談別愫，在瓷盤前合影，因瓷盤具有歷史性，乃一九七〇年九月出使薩國時，與文大新聞系師生合影時所贈紀念品。

七月十九日　吳章鎔同學夫婦舉行盛大餐會歡迎鄭貞銘教授來訪，余應邀致歡迎詞，到同學二十餘人，新聞系一屆至十三屆，以及夜間部均有同學參加，其中鄭泰康、林健一與郭淑敏均為第四屆，會中以劉玲女同學最活躍，為《國際日報》攝影並撰稿，圖文並茂，翌日刊出。

十一月　撰文紀念經國先生逝世十週年紀念，題曰：「經國先生的親情與友情」，應劉社長紹唐之約，於十二月號刊出。

十二月　為鄭貞銘教授新著《中外新聞傳播教育》一書寫序，該書是國內有關新聞傳播教育之另一力作。

民國八十七年（一九九八）八十六歲

一月九日　虎兒專程回家團敘，並邀請吳章鎔同學於明午同往玫瑰山莊墓地視察，然後入市敘宴。

九月十六日　萍乘東方航機飛上海，榮祖夫婦至龍華機場迎接，在滬逗留二日即赴杭州，寓榮祖家中。二十三日專程回雲和故鄉掃墓，並晤秋雲與寶蓮於故居。途經麗水休息。十月二日自杭州飛北京觀光，並上長城一遊，遂於五日返美回家。

十一月四日　虎兒於下午四時抵家省親，據告已遷居New Haven並已升任終身教授職(Tenure)，業經校務會議通過，正式發表。次日哲兒亦歸家團敘共慶。

民國八十八年（一九九九）八十七歲

二月二十六日（夏曆正月十一日）　今為萍八秩華誕，晨起祭祖，拜謝父母養育之恩。十一時安麗開車來接，同往洛市傳統大樓欣園壽宴，承蒙吳章鎔同學伉儷熱忱發起，參加慶宴者均為華崗同學，桑繼康自香港來美公幹與黃姍夫婦同來，另有曾慶瑞與蔡月輝二女同學。宴席菜餚特別豐盛，最後請萍切蛋糕，共唱生日快樂歌，群起鼓掌，餐畢余偕萍與主人及來賓握別，並向主人特別致謝。又今日亦為安麗五秩華誕，萍贈予珍珠項鍊致賀。

五月十一日　雯女今午生產一男孩於夏威夷檀島，命名華安，英文姓名為Warren Wright。

六月二十日　《台灣新聞報》創刊五十週年紀念，余題詞勉同仁：「創業維艱，守成尤難，唯賴讀者愛護，社會支援，方能堅百忍以圖發展與成功」。憶民國三十八年六月二十日創刊時，費盡心血，排除萬難，得以出版問世，往事不堪回首矣。

十月二十四日　葉建麗同學忽來電致歉，謂〈世界周刊〉發表其文稿為余祝九十華誕，題曰「永遠的新聞人——謝然之先生」，其中有若干錯誤，為該刊編校之誤，非其原文，已電囑更正矣。實際上目前祇是八十八歲，離九十尚早，日本人稱米壽，較為正確也。

十一月三日　接鄭貞銘教授函告，最近彭歌學長返臺相敘，建議為余編撰九秩壽文，並由彼倆與李瞻、石永貴暨荊溪人諸同學聯名發起，已分函諸同學徵稿，並謂此乃義不容辭之事。余為此至深感愧，不知如何答謝諸同學尊師重道之熱忱。

民國八十九年（二〇〇〇）八十八歲

元月　今為千禧年，乃人生罕有跨世紀之龍年，應積極奮發努力，為中華民族發揚光大，建設民主自由國家而奮鬥到底。

元月三十日　參加洛市新聞界老兵公元兩千年新春敘會，由巴山同學主持，被邀向會中致詞，希望大家堅持新聞自由與政治民主的信念，繼續努力、貫徹始終。

（初稿暫止於此）

滄海叢刊書目（一）

國學類

中國學術思想史論叢（一）～（八）	錢　穆　著
現代中國學術論衡	錢　穆　著
兩漢經學今古文平議	錢　穆　著
宋代理學三書隨劄	錢　穆　著
論戴震與章學誠——清代中期學術思想史研究	余英時　著
論語體認	姚式川　著
論語新注	陳冠學　著
西漢經學源流	王葆玹　著
文字聲韻論叢	陳新雄　著
入聲字箋論	陳慧劍　著
楚辭綜論	徐志嘯　著

哲學類

國父道德言論類輯	陳立夫　著
文化哲學講錄（一）～（六）	鄔昆如　著
哲學：理性與信仰	金春峰　著
哲學與思想	王曉波　著
哲學與思想——胡秋原選集第二卷	胡秋原　著
內心悅樂之源泉	吳經熊　著
知識・理性與生命	孫寶琛　著
語言哲學	劉福增　著
哲學演講錄	吳　怡　著
日本近代哲學思想史	江日新　譯
比較哲學與文化（一）、（二）	吳　森　著
從西方哲學到禪佛教——哲學與宗教一集	傅偉勳　著
批判的繼承與創造的發展——哲學與宗教二集	傅偉勳　著

「文化中國」與中國文化 ——哲學與宗教三集	傅偉勳　著
從創造的詮釋學到大乘佛學 ——哲學與宗教四集	傅偉勳　著
佛教思想的現代探索 ——哲學與宗教五集	傅偉勳　著
中國哲學與懷德海	東海大學哲學研究所主編
人生十論	錢　穆　著
湖上閒思錄	錢　穆　著
晚學盲言（上）、（下）	錢　穆　著
愛的哲學	蘇昌美　著
邁向未來的哲學思考	項退結　著
逍遙的莊子	吳　怡　著
莊子新注（內篇）	陳冠學　著
莊子的生命哲學	葉海煙　著
墨家的哲學方法	鍾友聯　著
韓非子通論	姚蒸民　著
韓非子析論	謝雲飛　著
韓非子的哲學	王邦雄　著
法家哲學	姚蒸民　著
中國法家哲學	王讚源　著
二程學管見	張永儁　著
王陽明 ——中國十六世紀的唯心主義哲學家	張君勱　著 江日新　譯
王船山人性史哲學之研究	林安梧　著
西洋百位哲學家	鄔昆如　著
西洋哲學十二講	鄔昆如　著
希臘哲學趣談	鄔昆如　著
中世哲學趣談	鄔昆如　著
近代哲學趣談	鄔昆如　著
現代哲學趣談	鄔昆如　著
思辯錄 ——思光近作集	勞思光　著
中國十九世紀思想史（上）、（下）	韋政通　著
存有・意識與實踐 ——熊十力體用哲學之詮釋與重建	林安梧　著

先秦諸子論叢	唐端正　著
先秦諸子論叢（續編）	唐端正　著
周易與儒道墨	張立文　著
孔學漫談	余家菊　著
中國近代新學的展開	張立文　著
從哲學的觀點看	關子尹　著
中國死亡智慧	鄭曉江　著
後設倫理學之基本問題	黃慧英　著
道德之關懷	黃慧英　著
異時空裡的知識追逐 ——科學史與科學哲學論文集	傅大為　著

宗教類

天人之際	李杏邨　著
佛學研究	周中一　著
佛學思想新論	楊惠南　著
現代佛學原理	鄭金德　著
絕對與圓融 ——佛教思想論集	霍韜晦　著
佛學研究指南	關世謙　譯
當代學人談佛教	楊惠南編著
從傳統到現代 ——佛教倫理與現代社會	傅偉勳主編
簡明佛學概論	于凌波　著
修多羅頌歌	陳慧劍譯註
禪　話	周中一　著
佛家哲理通析	陳沛然　著
唯識三論今詮	于凌波　著

應用科學類

壽而康講座	胡佩鏘　著

社會科學類

憲法論叢	鄭彥棻　著
憲法論集	林紀東　著
憲法論衡	荊知仁　著

國家論	薩孟武 譯
中國歷代政治得失	錢穆 著
先秦政治思想史	梁啟超原著 賈馥茗標點
當代中國與民主	周陽山 著
我見我思	洪文湘 著
釣魚政治學	鄭赤琰 著
政治與文化	吳俊才 著
中華國協與俠客清流	陶百川 著
世界局勢與中國文化	錢穆 著
海峽兩岸社會之比較	蔡文輝 著
印度文化十八篇	糜文開 著
美國社會與美國華僑	蔡文輝 著
日本社會的結構	福武直原 著 王世雄 譯
文化與教育	錢穆 著
開放社會的教育	葉學志 著
從通識教育的觀點看 ——文明教育和人性教育的反思	何秀煌 著
大眾傳播的挑戰	石永貴 著
傳播研究補白	彭家發 著
「時代」的經驗	汪琪、彭家發 著
新聞與我	楚崧秋 著
書法心理學	高尚仁 著
書法與認知	高尚仁、管慶慧 著
清代科舉	劉兆璸 著
排外與中國政治	廖光生 著
中國文化路向問題的新檢討	勞思光 著
擺盪在兩岸之間： 戰後日本對華政策（1945～1997）	何思慎 著
立足臺灣，關懷大陸	韋政通 著
開放的多元社會	楊國樞 著
現代與多元 ——跨學科的思考	周英雄主編
臺灣人口與社會發展	李文朗 著
財經文存	王作榮 著

財經時論　楊道淮 著

經營力的時代　青龍豐作 著／白龍芽 譯

宗教與社會　宋光宇 著

唐宋時期的公園文化　侯迺慧 著

中國古代游藝史——樂舞百戲與社會生活之研究　李建民 著

史地類

古史地理論叢　錢穆 著

歷史與文化論叢　錢穆 著

中國史學發微　錢穆 著

中國歷史研究法　錢穆 著

中國歷史精神　錢穆 著

中華郵政史　張翊 著

憂患與史學　杜維運 著

與西方史家論中國史學　杜維運 著

清代史學與史家　杜維運 著

中西古代史學比較　杜維運 著

歷史與人物　吳相湘 著

歷史人物與文化危機　余英時 著

共產國際與中國革命　郭恒鈺 著

共產世界的變遷——四個共黨政權的比較　吳玉山 著

俄共中國革命祕檔（一九二〇～一九二五）　郭恒鈺 著

俄共中國革命祕檔（一九二六）　郭恒鈺 著

聯共、共產國際與中國（1920～1925）　第一卷　李玉貞 譯

民族主義與近代中國思想　羅志田 著

抗日戰史論集　劉鳳翰 著

盧溝橋事變　李雲漢 著

歷史講演集　張玉法 著

老臺灣　陳冠學 著

臺灣史與臺灣人　王曉波 著

清史論集　陳捷先 著

黃　帝　錢穆 著

孔子傳　錢穆 著

宋儒風範	董金裕 著
弘一大師新譜	林子青 著
勤工儉學的發展	陳三井 著
精忠岳飛傳	李安 著
鄭彥棻傳	馮成榮 著
張公難先之生平	李飛鵬 著
唐玄奘三藏傳史彙編	釋光中 編
一顆永不隕落的巨星	釋光中 著
新亞遺鐸	錢穆 著
困勉強狷八十年	陶百川 著
困強回憶又十年	陶百川 著
我的創造・倡建與服務	陳立夫 著
我生之旅	方治 著
逝者如斯	李孝定 著
結網編	黃清連 著

語文類

文學與音律	謝雲飛 著
中國文字學	潘重規 著
中國聲韻學	潘重規、陳紹棠 著
魏晉南北朝韻部之演變	周祖謨 著
詩經研讀指導	裴普賢 著
莊子及其文學	黃錦鋐 著
管子述評	湯孝純 著
離騷九歌九章淺釋	繆天華 著
北朝民歌	譚潤生 著
陶淵明評論	李辰冬 著
鍾嶸詩歌美學	羅立乾 著
杜甫作品繫年	李辰冬 著
唐宋詩詞選——詩選之部	巴壺天 編
唐宋詩詞選——詞選之部	巴壺天 編
清真詞研究	王支洪 著
苕華詞與人間詞話述評	王宗樂 著
優游詞曲天地	王熙元 著

月華清	樸　月　著
梅花引	樸　月　著
元曲六大家	應裕康、王忠林　著
四說論叢	羅　盤　著
紅樓夢的文學價值	羅德湛　著
紅樓夢與中華文化	周汝昌　著
紅樓夢研究	王關仕　著
紅樓血淚史	潘重規　著
微觀紅樓夢	王關仕　著
中國文學論叢	錢　穆　著
牛李黨爭與唐代文學	傅錫壬　著
迦陵談詩二集	葉嘉瑩　著
西洋兒童文學史	葉詠琍　著
一九八四	George Orwell原著 劉紹銘　譯
文學原理	趙滋蕃　著
文學新論	李辰冬　著
文學圖繪	周慶華　著
分析文學	陳啟佑　著
學林尋幽 ——見南山居論學集	黃慶萱　著
與君細論文	黃慶萱　著
中西文學關係研究	王潤華　著
魯迅小說新論	王潤華　著
比較文學的墾拓在臺灣	古添洪、陳慧樺編著
從比較神話到文學	古添洪、陳慧樺主編
現代文學評論	亞　菁　著
現代散文新風貌（修訂新版）	楊昌年　著
現代散文欣賞	鄭明娳　著
葫蘆・再見	鄭明娳　著
實用文纂	姜超嶽　著
增訂江皋集	吳俊升　著
孟武自選文集	薩孟武　著
藍天白雲集	梁容若　著
野草詞	韋瀚章　著
野草詞總集	韋瀚章　著

李韶歌詞集　李韶　著
石頭的研究　戴天　著
寫作是藝術　張秀亞　著
讀書與生活　琦君　著
文開隨筆　糜文開　著
文開隨筆續編　糜文開　著
印度文學歷代名著選（上）、（下）　糜文開編譯
城市筆記　也斯　著
留不住的航渡　葉維廉　著
三十年詩　葉維廉　著
歐羅巴的蘆笛　葉維廉　著
移向成熟的年齡——1987～1992 詩　葉維廉　著
一個中國的海　葉維廉　著
尋索：藝術與人生　葉維廉　著
從現象到表現——葉維廉早期文集　葉維廉　著
解讀現代・後現代——文化空間與生活空間的思索　葉維廉　著
紅葉的追尋　葉維廉　著
山外有山　李英豪　著
知識之劍　陳鼎環　著
還鄉夢的幻滅　賴景瑚　著
大地之歌　大地詩社　編
往日旋律　幼柏　著
鼓瑟集　幼柏　著
耕心散文集　耕心　著
詩與禪　孫昌武　著
禪境與詩情　李杏邨　著
文學與史地　任遵時　著
女兵自傳　謝冰瑩　著
抗戰日記　謝冰瑩　著
給青年朋友的信（上）、（下）　謝冰瑩　著
冰瑩書柬　謝冰瑩　著
我在日本　謝冰瑩　著
大漢心聲　張起鈞　著

人生小語（一）～（九） 何秀煌 著
人生小語（一）（彩色版） 何秀煌 著
記憶裡有一個小窗 何秀煌 著
回首叫雲飛起 羊令野 著
康莊有待 向陽 著
湍流偶拾 繆天華 著
文學之旅 蕭傳文 著
文學邊緣 周玉山 著
文學徘徊 周玉山 著
無聲的臺灣 周玉山 著
種子落地 葉海煙 著
向未來交卷 葉海煙 著
不拿耳朵當眼睛 王讚源 著
古厝懷思 張文貫 著
材與不材之間 王邦雄 著
劫餘低吟 法天 著
忘機隨筆
——卷一・卷二・卷三・卷四 王覺源 著
過　客 莊因 著
詩情畫意
——明代題畫詩的詩畫對應內涵 鄭文惠 著
文學與政治之間
——魯迅・新月・文學史 王宏志 著
洛夫與中國現代詩 費勇 著
老舍小說新論 王潤華 著
交織的邊緣
——政治和性別 康正果 著
還原民間
——文學的省思 陳思和 著
窗外有棵相思 逯耀東 著
出門訪古早 逯耀東 著

藝術類

音樂人生 黃友棣 著
樂圃長春 黃友棣 著
樂苑春回 黃友棣 著

樂風泱泱	黄友棣 著
樂境花開	黄友棣 著
樂浦珠還	黄友棣 著
音樂伴我遊	趙琴 著
談音論樂	林聲翕 著
戲劇編寫法	方寸 著
戲劇藝術之發展及其原理	趙如玲 著
與當代藝術家的對話	葉維廉 著
藝術的興味	吳道文 著
根源之美	莊申 編著
扇子與中國文化	莊申 著
從白紙到白銀（上）、（下） ——清末廣東書畫創作與收藏史	莊申 著
畫壇師友錄	黃苗子 著
水彩技巧與創作	劉其偉 著
繪畫隨筆	陳景容 著
素描的技法	陳景容 著
建築鋼屋架結構設計	王萬雄 著
建築基本畫	陳榮美、楊麗黛 著
中國的建築藝術	張紹載 著
室內環境設計	李琬琬 著
雕塑技法	何恆雄 著
生命的倒影	侯淑姿 著
文物之美 ——與專業攝影技術	林傑人 著
清代玉器之美	宋小君 著

～涵泳浩瀚書海　激起智慧波濤～